SHINSEI Health and Sports

ゴルフ アプローチ職人

いつものスイングで10種の球を打ち分ける

日本プロゴルフ協会会員
FLAGS GoLF SCHOOL 最高執行責任者
新井真一 著

シングルへの
最短距離！
たった2つの
アプローチだけで
いつでも90切り

JN186722

新星出版社

いつものスイングで10種の球を打ち分けられる!

「アプローチ職人」になって

シングルプレーヤーを目指せ!

アプローチが上達することで得られるメリット

アプローチに自信が持てるようになると……

- スコアがまとまる!
- コースマネジメントの幅が広がる!
- 他のショットが楽に打てる!

からも上げて打てるようになる!!

この２つの基本をしっかり身につけるだけでOK!!

① ハーフショット

- 腰～腰の振り幅
- ひざ～ひざの振り幅

② チップショット

パッティングと同じストローク

もっとも難しい「左足下がり」のライ

手もとが右脚から左脚を通過するまでの
ストレートゾーンにヘッドを通す

振り幅が小さくなってもスイングの基本は同じ。ボールを打ちにいくのでなく、
インパクトゾーンにヘッドをまっすぐに通すイメージ。
そのためには、体幹を使った胸の回転でスイングすることが大切。

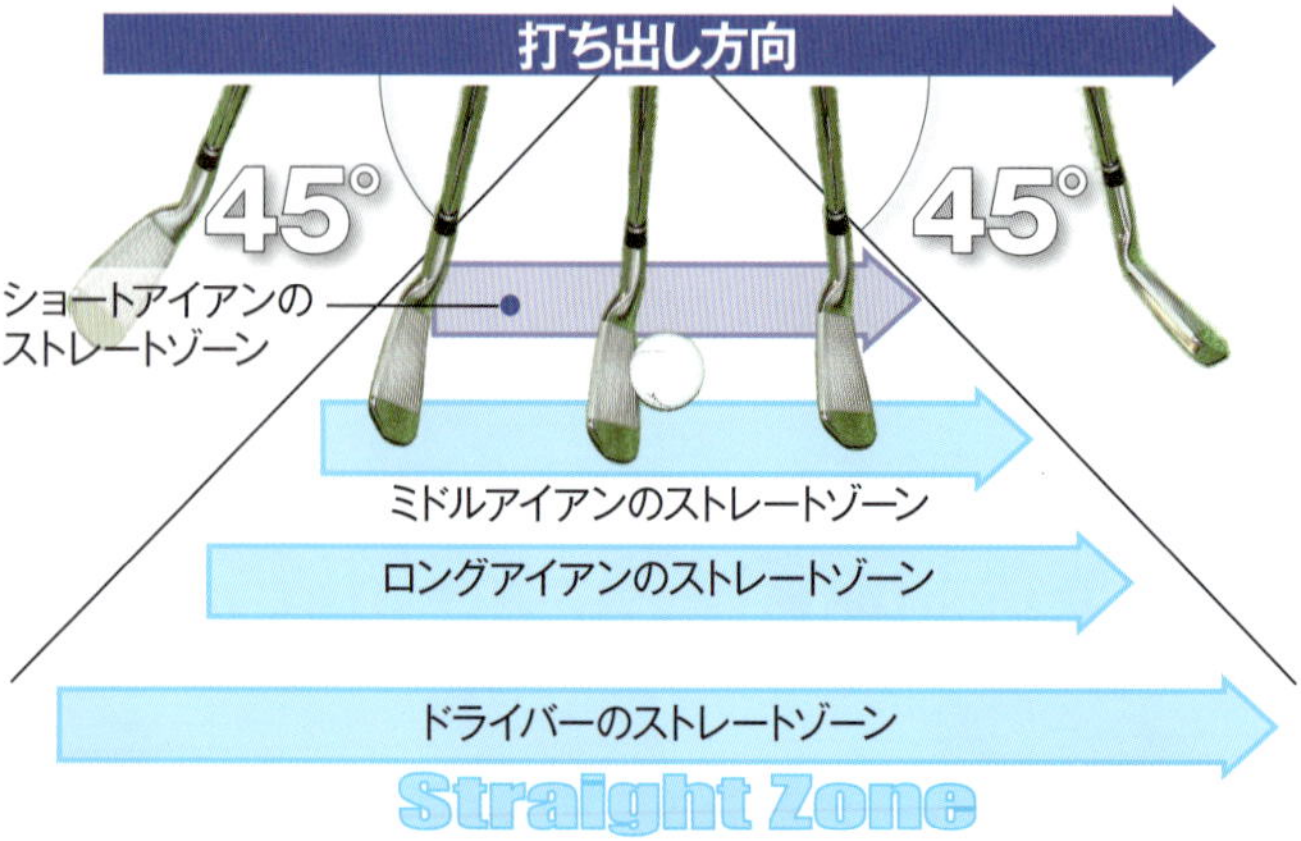

インパクトゾーンの長さは、クラブの長さによって異なる。体の正面の左右約 45°のエリアにクラブを通すイメージを持っておこう。

ハーフショットは振り幅と使用クラブで距離を調節する

身につけておきたい振り幅はこの2つだけ。それぞれの振り幅でクラブを変えて、飛距離やキャリーとランの比率をつかんでおこう。

● 腰〜腰のスイング

ヘッドが腰から腰あたりに来るまでのスイング。通常のショットで手首がコックする手前くらいの振り幅。体幹をターンさせやすいように狭いスタンスで立つ

● ひざ〜ひざのスイング

ヘッドがひざからひざあたりに来るまでのスイング。手もとが右腰から左腰の前あたりに移動する程度の振り幅になる。振り幅は小さいが、股関節をロックさせずに体幹を使ってスイングしよう。

チップショットはパッティングと同じイメージでスイング

約30ヤード以内で有効なのがチップショット。グリーンまでの距離や状況に合わせて使用クラブを変えて調整しよう

パターのストロークに近いスイング。手で合わせにいってしまう人はパッティングから練習するのがオススメ

● インパクトでスイングを止めずに振り抜く

インパクトの強さで弾道をコントロールするのでなく振り幅で調整するにはインパクトでスイングを止めずにしっかり振り抜くことが大切

小さなスイングでも手打ちにならずに体幹を使って胸の回転でスイングする

体幹を捻転させるときは、骨盤をロックせずに胸の動きに合わせて自然に回転させる

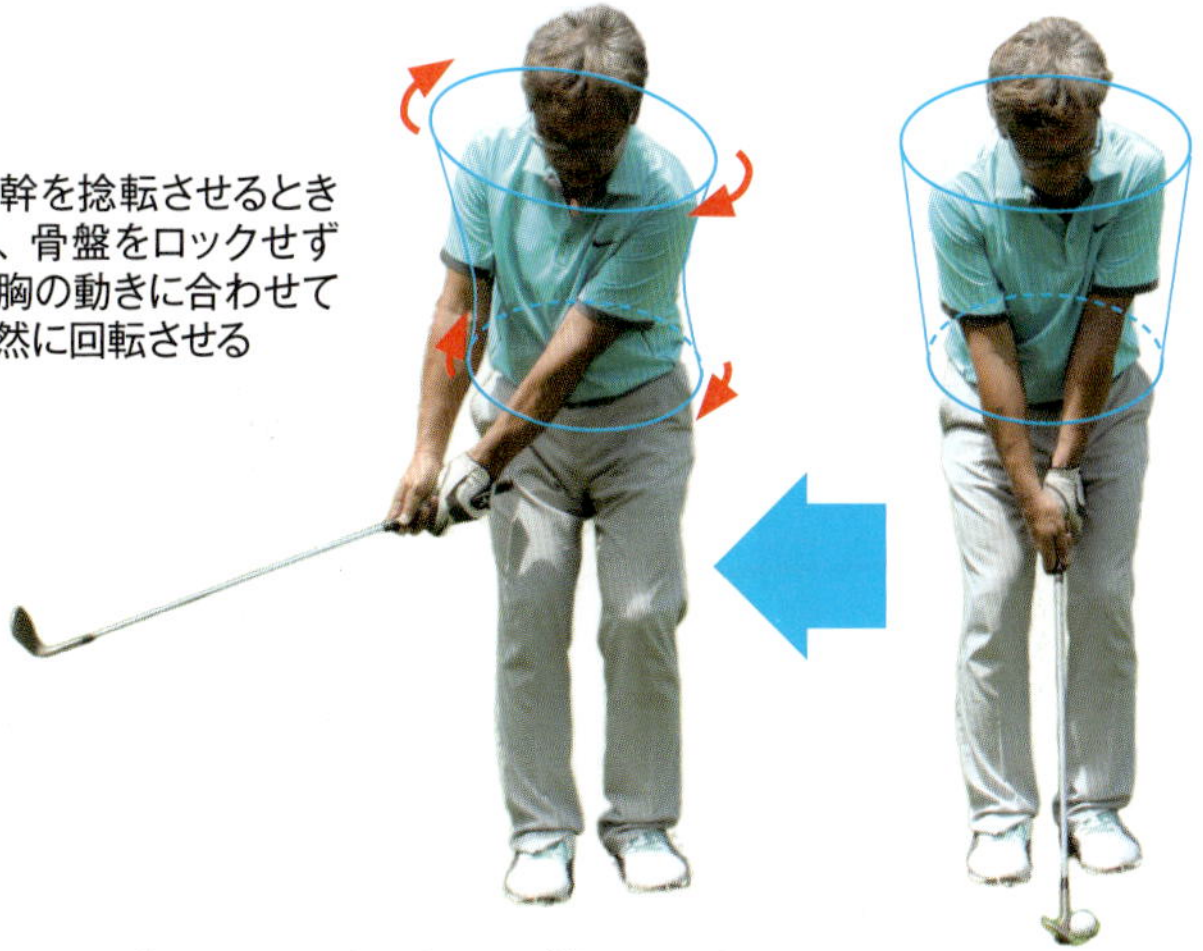

ハーフショットとチップショットのインパクトゾーンの軌道の違い

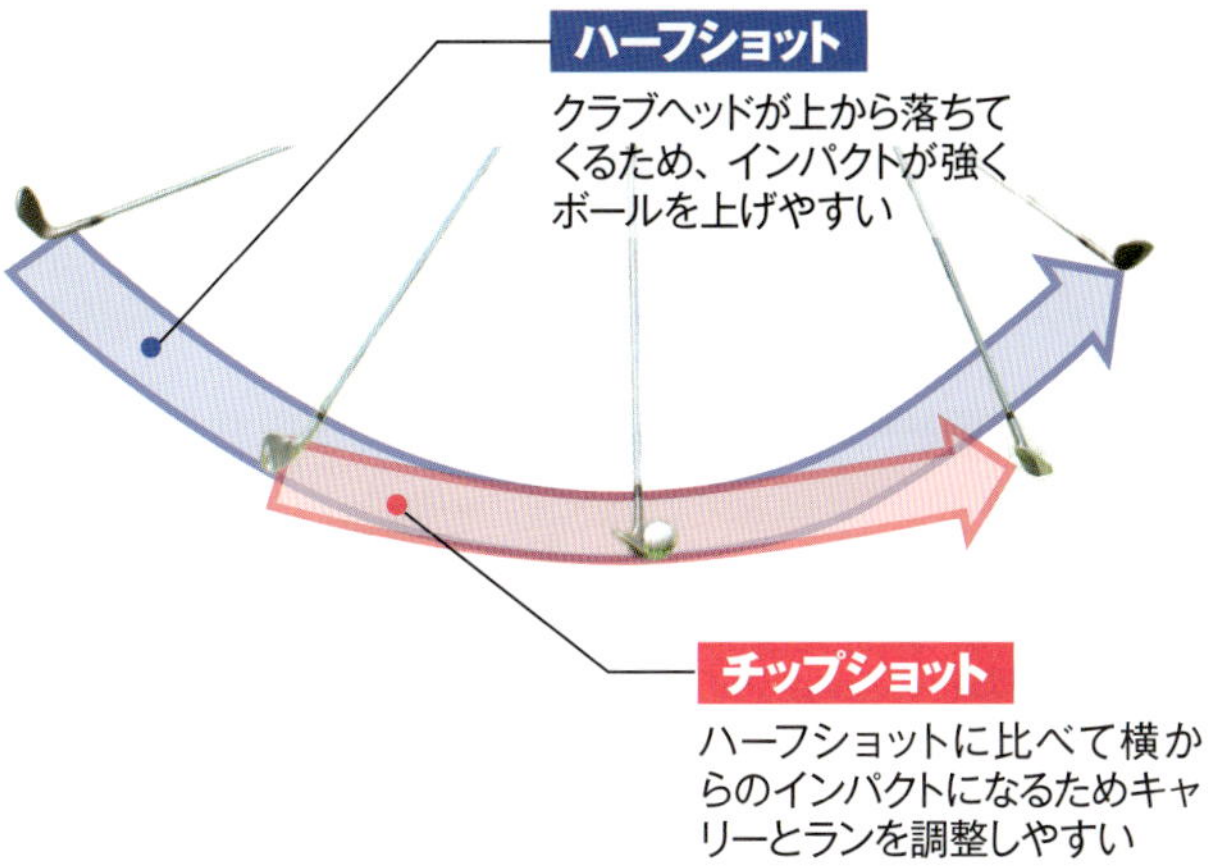

ハーフショット
クラブヘッドが上から落ちてくるため、インパクトが強くボールを上げやすい
チップショット
ハーフショットに比べて横からのインパクトになるためキャリーとランを調整しやすい

正しくフェースを立てるための
Technique① ハンドファースト

Half Shot

正しいハンドファーストのつくり方

普通に構えたところから重心を左足にかけるだけ

NG 手もとを前に出す

手もとを前に出してスイングすると体が開きやすく手打ちになってミスが起こりやすい

NG ボールを右に置く

ボールを右に置くとクラブが振り抜けなくなるためヘッドの軌道を調整しなければならない

Chip Shot

正しいハンドファーストのつくり方

普通に構えたところから重心を左足にかけるだけ

胸の方向に自然に振り抜く

NG 手もとを前に出す

手もとを前に出してスイングすると体が開いてヘッドアップしやすくなる

ハンドファーストにする目的とメリット

- フェースを立ててあまり上げずにランの出るボールを打つ
- イメージした打ち出しの軌道（ライン）に乗せやすい
- ダフりそうなイメージを払拭できる

正しく 高く上げて止めるための

Technique② オープンフェース

Half Shot

正しいオープンフェースのつくり方

フェースは打ち出し
方向にスクエア

ボールの少し近くに立って普通に構えたところから重心を右足にかけるだけ

リーディングエッジがボールの下の隙間に入る

NG 手もとを前に出す

手もとを前にセットしてフェースを寝かせると、フェースが開いたり、バンスが邪魔になってボールの下を打ち抜けなくなる

Chip Shot

正しいオープンフェースのつくり方

フェースは打ち出し方向にスクエア

リーディングエッジがボールの下の隙間に入る

ボールの少し近くに立って普通に構えたところから重心を右足にかけるだけ

胸の方向に自然に振り抜く

NG 手もとを前に出す

手もとを前に出すと体が開いてヘッドアップしやすくなる

フェースを寝かす目的とメリット

- ロフトを寝かせて高く上がって転がらない球を打てる
- トゥ側からボールに入るためシャンクしにくい
- バンスが邪魔にならずにボールの下にリーディングエッジを通しやすい

さらに飛距離を出さないための

Technique③ オープンスタンス

Half Shot

正しいオープンスタンスのつくり方

胸の向きをスクエアに保ったまま左脚を後方に引くだけ

胸の方向に自然に振り抜く

NG 体を開く

体を開くとカット軌道になり打ち出し方向をコントロールしにくくなる

Chip Shot

正しいオープンスタンスのつくり方

フェースを開くのでなく、向きを変えずに寝かせるイメージ

胸の向きをスクエアに保ったまま左脚を後方に引くだけ

胸の方向に自然に振り抜く

NG 手もとを前に出す

手もとを前に出してスイングすると体が開いてヘッドアップしやすくなる

フェースを寝かす目的とメリット

- フェースを寝かせたときより高く上がって飛距離が出ない
- スタンスを開いているぶん手もとを振り抜きやすい
- ボールの下を抜きやすくなるぶんスピンがかかる

さらに **フェースを立てる** ための

Technique④ クローズスタンス

Half Shot

正しいクローズスタンスのつくり方

胸の向きをスクエアに保ったまま右脚を後方に引くだけ

胸の方向に自然に振り抜く

体全体を右に向けて構えてしまうと右向きのスイングになってしまう

Chip Shot

正しいクローズスタンスのつくり方

胸の向きをスクエアに保ったまま右脚を後方に引くだけ

胸の方向に自然に振り抜く

NG 手もとを前に出す

手もとを前に出してスイングすると体が開いてヘッドアップしやすくなる

クローズスタンスにする目的とメリット

- ハンドファーストよりフェースをかぶせてボールを包み込める
- 体が開きにくいためしっかりボールを捕まえることができる
- ヘッドアップや体が開きそうなイメージを払拭できる

フェースとスタンスのつくり方をマスターすれば

どんなライからも寄せられる!

●左足上がり
P.138参照

30ヤード以上

オープンスタンス
P.94参照

30ヤード未満

ハンドファースト
P.80参照
オープンフェース
P.90参照
オープンスタンス
P.98参照

●左足下がり
P.144参照

30ヤード以上

クローズスタンス
P.106参照

30ヤード未満

クローズスタンス
P.110参照
オープンフェース
P.90参照
ハンドファースト
P.80参照

●ツマ先上がり
P.150参照

30ヤード以上

オープンスタンス
P.94参照

30ヤード未満

ハンドファースト
P.80参照
オープンフェース
P.90参照
オープンスタンス
P.98 参照

●ツマ先下がり
P.154参照

30ヤード以上

オープンフェース
P.86参照

30ヤード未満

普通のアプローチ
P.42 参照
ハンドファースト
P.80参照
オープンフェース
P.90参照

●ラフ
P.160参照

30ヤード以上

ハンドファースト
P.76参照
オープンフェース
P.86参照
オープンスタンス
P.94参照

30ヤード未満

オープンスタンス
P.100参照
オープンフェース
P.90参照

●その他の状況

池越え・バンカー越え
P.166参照
2 段グリーンなど
P.170参照

CONTENTS

いつものスイングで10種の球を打ち分けられる!

「アプローチ職人」

になってシングルプレーヤーを目指せ! …… 2

手もとが右脚から左脚を通過するまでの
ストレートゾーンにヘッドを通す …… 4

●ハーフショットは振り幅と使用クラブで距離を調節する …… 5

●チップショットはパッティングと同じイメージでスイング …… 6

小さなスイングでも手打ちにならずに
体幹を使って胸の回転でスイングする …… 7

正しく フェースを立てる ための
Technique① ハンドファースト …… 8

正しく 高く上げて止める ための
Technique② オープンフェース …… 10

さらに 飛距離を出さない ための
Technique③ オープンスタンス …… 12

さらに フェースを立てる ための
Technique④ クローズスタンス …… 14

フェースとスタンスのつくり方をマスターすれば
どんなライからも寄せられる! …… 16

CONTENTS

PART 1
シングルへの最短距離！
「アプローチテクニック」を100%活かしたコースマネジメント …… 25
シングルプレーヤーも夢じゃない!! カップインからの「逆算」がスコアアップの近道 …… 26
「手前から狙う」「まずグリーンに乗せる」ことがいつでもいいコースマネジメントとは限らない!!
…… 28
調子の波の影響を受けにくいのが「アプローチ」 ショットやパッティングと異なり …… 34
必要に応じた「クラブ選び」と「姿勢の調節」 アプローチに必要なのは器用さではなく …… 36
「インパクトゾーン」にクラブを通すイメージを持つ ボールを打とうとするとミスが起こる！ …… 38

PART 2
アプローチ職人への第1歩！
すべての基本となる「2つのアプローチ」をおぼえよう …… 41
ボールを上げるための「ハーフショット」と転がすための「チップショット」をマスターしよう!! …… 42

アプローチではスタンスを狭くする
小さな振り幅でも「小さな体重移動」で打つ!! …… 44
スイングの前に確認しておこう!!
正確なショットは正しいアドレス姿勢から生まれる …… 46
振り幅は2種類で十分!!
クラブごとにキャリー&ラン比率をおぼえておこう!! …… 52
通常のアイアンショットにも直結する
体幹を使った正しいスイングを身につけよう!! …… 56
クラブを後ろに引いて前に出すチップショットは
アドレスもスイングもパッティングに似ている!! …… 60
体が開いたり、手首を使ってしまう方は
クロスハンドで打てばすぐに矯正できる!! …… 64
チップショットの距離感と使用クラブ
基準となるのはグリーンまでの距離とピンの位置 …… 66

PART 3
ショートゲームの達人になろう!
誰でも簡単に身につけられる
アプローチ4スタンス …… 67

ボールを上げるための「ハーフショット」と
転がすための「チップショット」をマスターしよう!! …… 68

さまざまなアプローチ技術を身につけることで
ゴルフが戦略的になってさらに楽しくなる!! …… 70

フェースの向きとスタンスの向きで変化する
打球の軌道とスピンの特性を理解しよう!! …… 72

HAND FIRST

ハーフショット

ハンドファーストのダウンブローのインパクトで
低い打ち出しで上げて止めるボールを打つ!! …… 74

正しいハンドファーストのつくり方 …… 76

チップショット

低い弾道で「ラインを出したい」なら
ハンドファーストのチップショットで打つ!! …… 78

正しいハンドファーストのつくり方 …… 80

OPEN FACE

ハーフショット

高く上げてランを出したくないなら
フェースを寝かせたハーフショットで打つ!! …… 82

オープンフェースにして前でインパクトすることで
リーディングエッジを通しやすい …… 84
正しいフェースの寝かせ方 …… 86

チップショット

キャリーは要らないが止めたい状況では
フェースを寝かせたチップショットが有効!! …… 88
正しいフェースの寝かせ方 …… 90

OPEN STANCE

ハーフショット

オープンスタンスで打てばフェースが立って
イメージ通りの打ち出しラインに乗せやすくなる!! …… 92
正しいオープンスタンスのつくり方（ハーフショット／チップショット） …… 94
オープンスタンスからのハンドファーストと
オープンフェースで持ち球の幅がさらに広がる!! …… 96
正しいオープンスタンスからのハンドファーストのつくり方（ハーフショット／チップショット） …… 98

チップショット

オープンスタンスのチップショットを使って
低い打ち出しでランの出ないボールを打とう!! …… 100

アプローチではスタンスを狭くする
小さな振り幅でも「小さな体重移動」で打つ!! …… 102

CLOSED STANCE

ハーフショット

クローズスタンスはボールの捕まりがよく
ボールに順回転がかかるのでランが出る!! …… 104
正しいクローズスタンスのつくり方（ハーフショット／チップショット） …… 106
正しいクローズスタンスからのハンドファーストのつくり方（ハーフショット／チップショット） …… 108

チップショット

クローズスタンスのチップショットは
グリーン上でスライスラインの影響を受けにくい!! …… 110
クローズスタンスからハンドファーストや
オープンフェースにすることでランを調整する!! …… 112
Column アプローチ技術をスコアに直結させるために
1m以内のパッティングを練習しよう …… 114

PART 4 正しいスイングと感覚を身につける! アプローチテクニック習得ドリル

スイングやストロークの悪癖を直すことが
さまざまなスタンスからのスイング習得の近道!! …… 116

Drill 1 力みのない自然なスイングを身につける
ゴム打ちドリル …… 118

Drill 2 股関節のやわらかい使い方をおぼえる
股関節スイング体操 …… 119

Drill 3 正しい重心移動と体幹の感覚をおぼえる
体幹スイング体操 …… 120

Drill 4 小さなスイングでの体重移動をおぼえる
足踏みスイング …… 122

Drill 5 手首でこねてしまう癖を矯正する
手首のコック矯正ドリル …… 123

Drill 6 ヘッドをインパクトで鋭角に入れるために
ダウンブロードリル …… 124

Drill 7 力みのない自然なスイングを身につける
サイドブロードリル …… 125

Drill 8 重心位置を変えたスイング感覚に慣れる①
ハンドファーストドリル …… 126

Drill 9 重心位置を変えたスイング感覚に慣れる②
オープンフェースドリル …… 127

Drill 10 力みのないストロークフォームを身につける
レールストローク …… 128

Drill 11 正しい腕の使い方を身につける
1ハンドストローク …… 130

Drill 12 上体を開かないようにするための
クロスハンドドリル …… 131

Drill 13 クラブごとの正しい距離感を身につける
チッピングドリル …… 132

PART 5 ラウンド当日に役立つ! 状況別アプローチ&ショットセレクション

基本スイングと4つのスタンスを利用すれば
どんなライからでもかんたんに打てる …… 134

ラウンド中の無二のショットで
唯一できる練習がショット前の素振りだ!! …… 136

グリーンから離れた左足上がり
傾斜地のショットでは、立った時点から自分の平衡感覚を信じるな!! …… 138
斜面にヘッドが刺さる心配をせずにオープンスタンスで自然に振り抜く!! …… 140

グリーンに近い左足上がり
ピン位置、周辺状況や目的に応じてベストのショットセレクションをする!! …… 142

グリーンから離れた左足下がり
左足下がりでも、スタンスは傾斜に沿って上半身を垂直に保って立つ!! …… 144
ダフりが怖いならボール位置を変えずにクローズスタンスで自然に振り抜く!! …… 146

グリーンに近い左足下がり
手先でフェースコントロールするのでなく正しいインパクトのイメージを持つ!! …… 148

グリーンから離れたツマ先上がり
傾斜を下から登ってスッと構えて、オープンスタンスで打つ!! …… 150

グリーンに近いツマ先上がり
オープンに立ってもカット軌道で打たないスイング方向はつねに胸が基準!! …… 152

グリーンから離れたツマ先下がり
傾斜を感じながら下りてボールにセットバランスを保って垂直に体を折りたたむ!! …… 154
ハンドファーストは絶対に禁物不安があるならフェースを寝かす!! …… 156

グリーンに近いツマ先下がり
ボールをしっかり捕らえたければフェースを寝かせてしっかり振り抜く!! …… 158

グリーンから離れたラフ
ボールが半分以上見えていれば通常に深いならハンドファーストで脱出優先!! …… 160

グリーンに近いラフ
グリーン周りの浅いラフで嫌な感じがしたらフェースを寝かせる!! …… 162
グリーン周りの深いラフではフェースを立てるとホームランになる!! …… 164

グリーンから離れた池・バンカー越え
グリーンまでの距離や状況を考慮してフェースを立てるか寝かすかを決める!! …… 166

グリーンに近い池・バンカー越え
グリーン周りのバンカー越えではフェースを寝かせて上げて止める!! …… 168

離れた2段グリーン
上げて止めるか、落として転がすか、2段グリーンは戦略を持って攻略する!! …… 170

近い2段グリーン
2段グリーンの周りからのアプローチは真価が問われる腕の見せどころ!! …… 172

あとがき …… 174

制作スタッフ：イラスト／山田達彦 LA Associates 撮影／織田真理 本文デザイン／LA Associates 編集／権藤海裕

PART 1

シングルへの最短距離！

「アプローチテクニック」を100%活かしたコースマネジメント

THE COURSE MANAGEMENT THAT I MADE USE OF APPROACHING TECHNIQUES BY 100% WILL MAKE YOU A SINGLE-PLAYER.

シングルプレーヤーも夢じゃない‼ **カップイン**からの「**逆算**」がスコアアップの近道

ゴルフのスコアメイクを考えるときに、**カップインから逆算することで今までよりスコアがまとまる**ようになります。

ゴルフでスコアをよくするためには大叩きをしないことが大切です。たとえば、「80台で回りたい」、「シングルプレーヤーになりたい」と考えている上級者の場合、**ダブルボギーを叩かないことが大切**です。ましてや、トリプルボギーなどはもってのほかです。

ある程度ゴルフ経験があり、ショットが打てる方が大叩きしてしまう原因は、

①OBや池ポチャ、アンプレイヤブルなどのペナルティ
②グリーン周りからの往復ビンタ
③3打以上のパッティング
のいずれかに当てはまるのではないでしょうか。

①のペナルティに関しては、そのコースをどう攻略していくかを考え、もっとも**安全かつ効率的なコースマネジメント**を考えていくことで解消されます。
②のアプローチのミスショットに関しても、第2打目のミスショットで難しいショットを強いられているケースが多いため、**正しいコースマネジメントをすることで、難しい状況からのショットを半減する**ことができます。また、アプローチ技術を磨くことで、しっかりピンに寄せることができるようになります。
③に関しても、打ちやすいところに乗せることで、**つねに2パット以内のゴルフ**ができるようになるのです。

THE COURSE MANAGEMENT THAT I MADE USE OF APPROACHING TECHNIQUES BY 100% WILL MAKE YOU A SINGLE-PLAYER.

「手前から狙う」「まずグリーンに乗せる」ことがいつでもいいコースマネジメントとは限らない!!

コースマネジメントとひとことで言っても、どのようにすればいいのでしょう。具体的なラウンドを想定して考えてみましょう。

もし、目標をシングルとするのであれば、全体で81ストローク以下でのラウンドをすればいいことになります。すべてのホールをボギーで回ったとすると90になるので、9ホールでのパープレーが必須となります。通常、18ホールの構成は、ロングホールが4つ、ショートホールが4つ、ミドルホールが10となります。

まず、パー4を例に考えてみましょう。パー4のホールであれば、2オンすることができればパーオンということになります。オンしたときに2ストローク圏内に乗せることができれば、コース攻略は成功ということになります。

もし、パー4をボギーで上がることを考えれば、まず2打で100ヤード以内につけることが大前提となります。

大抵のパー4は、アマチュアが使用するホワイトティを基本とすると、380〜400ヤード程度となります。つまり、**280〜300ヤードを2打で打てればいい**ということです。つまり、曲がったり、コントロールミスのリスクの高いドライバーを使う必要はないのです。極端に言えば、7アイアン2打でも同じことです。

現実的には、ユーティリティクラブを使ってティショットをすればいいのです。7番ウッドとまでいかなくても、スプーンや5Wなどを使うことでピンまで50ヤードくらいのところまで安全に運べることでしょう。

このとき、もしアプローチが得意であれば、うまくいけば1パットでパー

パー4のコースマネジメント例

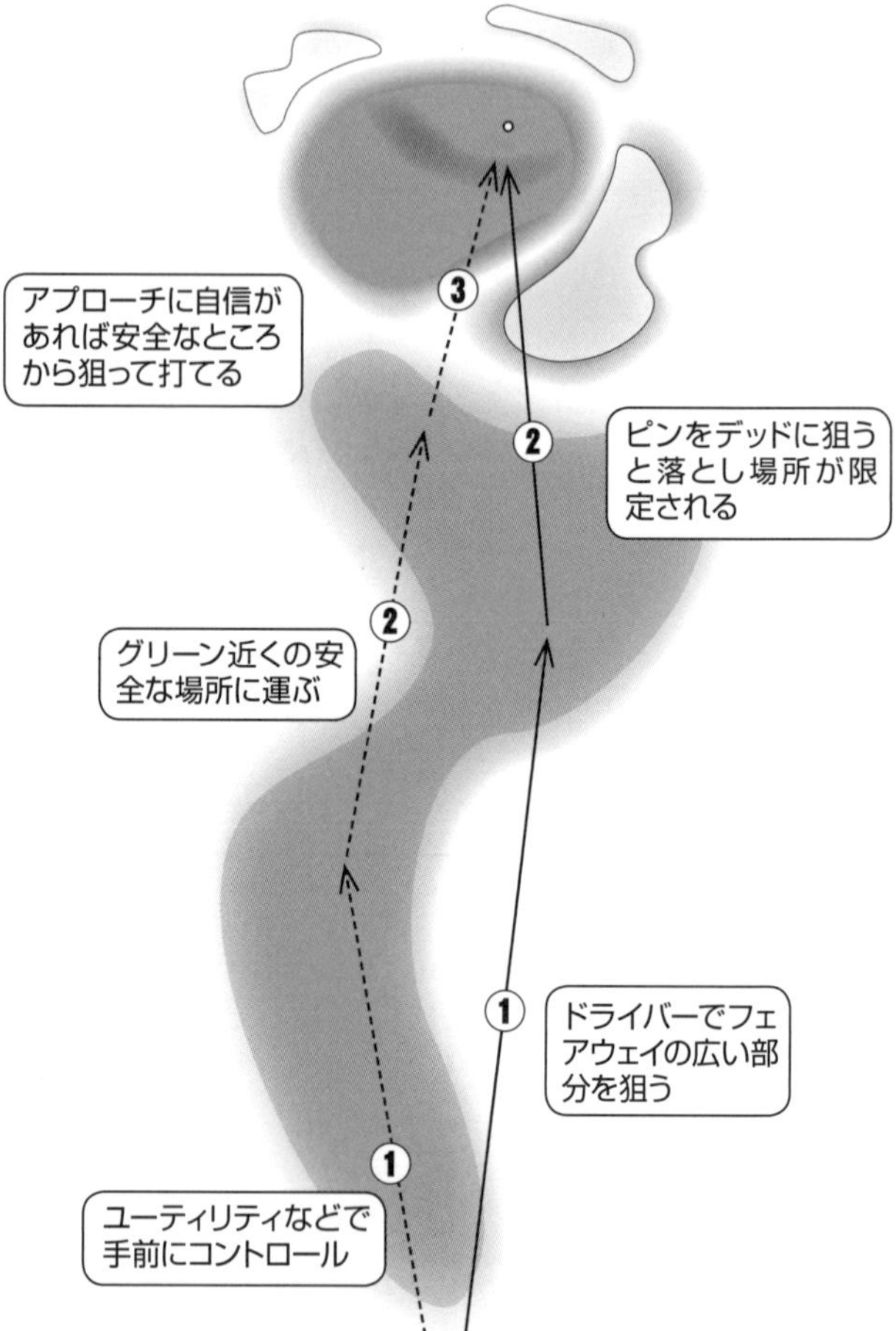

アプローチに自信があれば安全なところから狙って打てる
3
2
ピンをデッドに狙うと落とし場所が限定される
2
グリーン近くの安全な場所に運ぶ
1
ドライバーでフェアウェイの広い部分を狙う
1
ユーティリティなどで手前にコントロール

を狙うこともできるのです。つまり、**アプローチがうまくなることで、グリーンに乗せない方がいい場面で、グリーンを狙わないコースマネジメントができる**ようになるのです。

たとえば、難しい2段グリーンに無理して乗せるより奥からのアプローチやラフやバンカーから打った方がいいなどの選択肢も生まれます。このように考えられるようになると、**狙う場所が今までよりも広くなり、精神的な余裕もできる**のです。

「グリーンは手前から狙う」と鉄則のように言われていますが、状況によっては奥や横の空いたスペースからのほうが狙いやすいことも少なくありません。

上から速いグリーンの場合、ピッタリのクラブでオーバーしてしまうよりは1番手下のクラブでショートしたときのラフからのアプローチを選択するほうが賢明です。

正面からグリーンを狙わないほうがいい状況の例

- ●2段グリーンの奥ピンで手前から距離感が合わせにくいときに横から狙う
- ●深いガードバンカーと逆サイドから狙う
- ●手前から下りのラインになっているとき
- ●手持ちのクラブではラフで止まらずに手前の深いバンカーに入ってしまいそうなとき

2段グリーンの狙い方の例

●手前から狙ったほうが簡単な場面

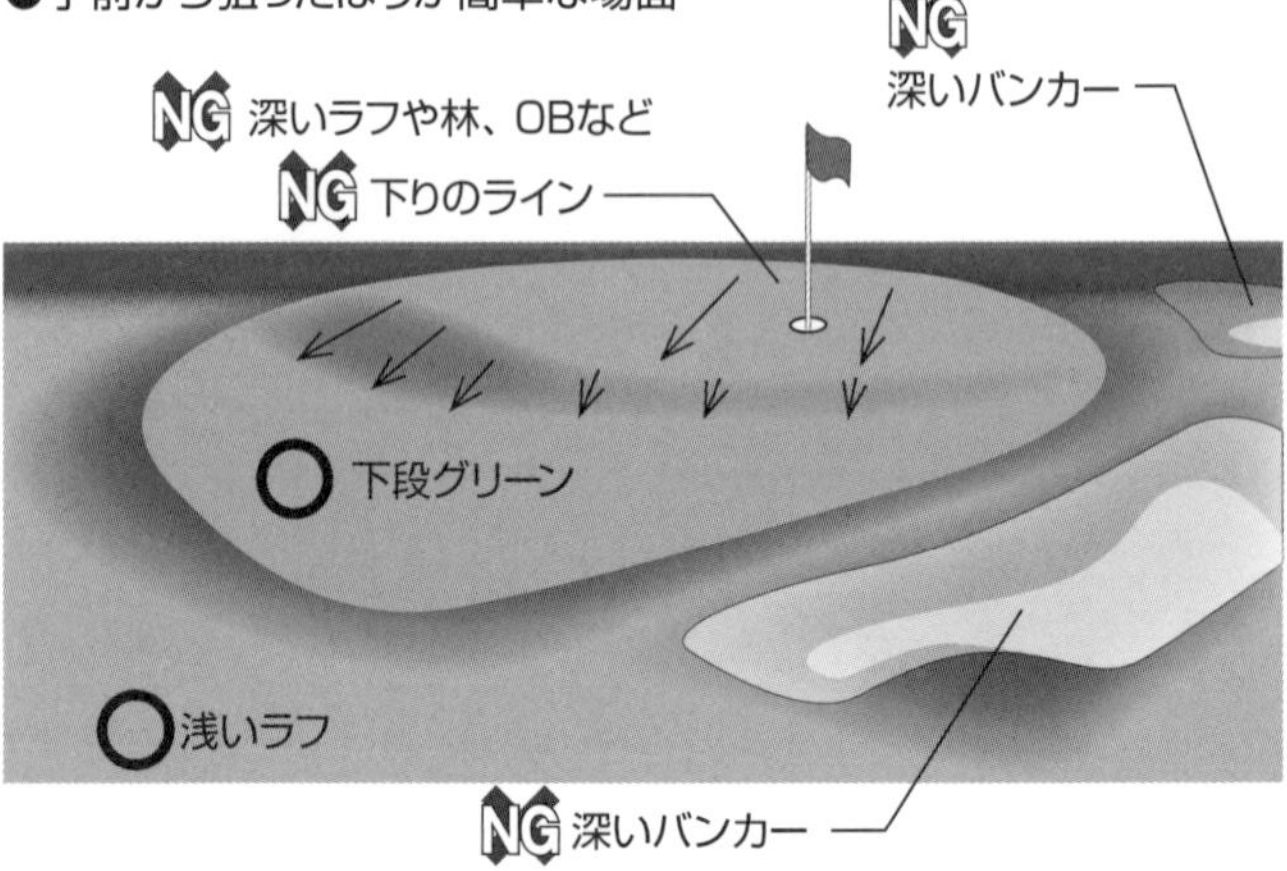

●奥や横から狙ったほうが簡単な場面

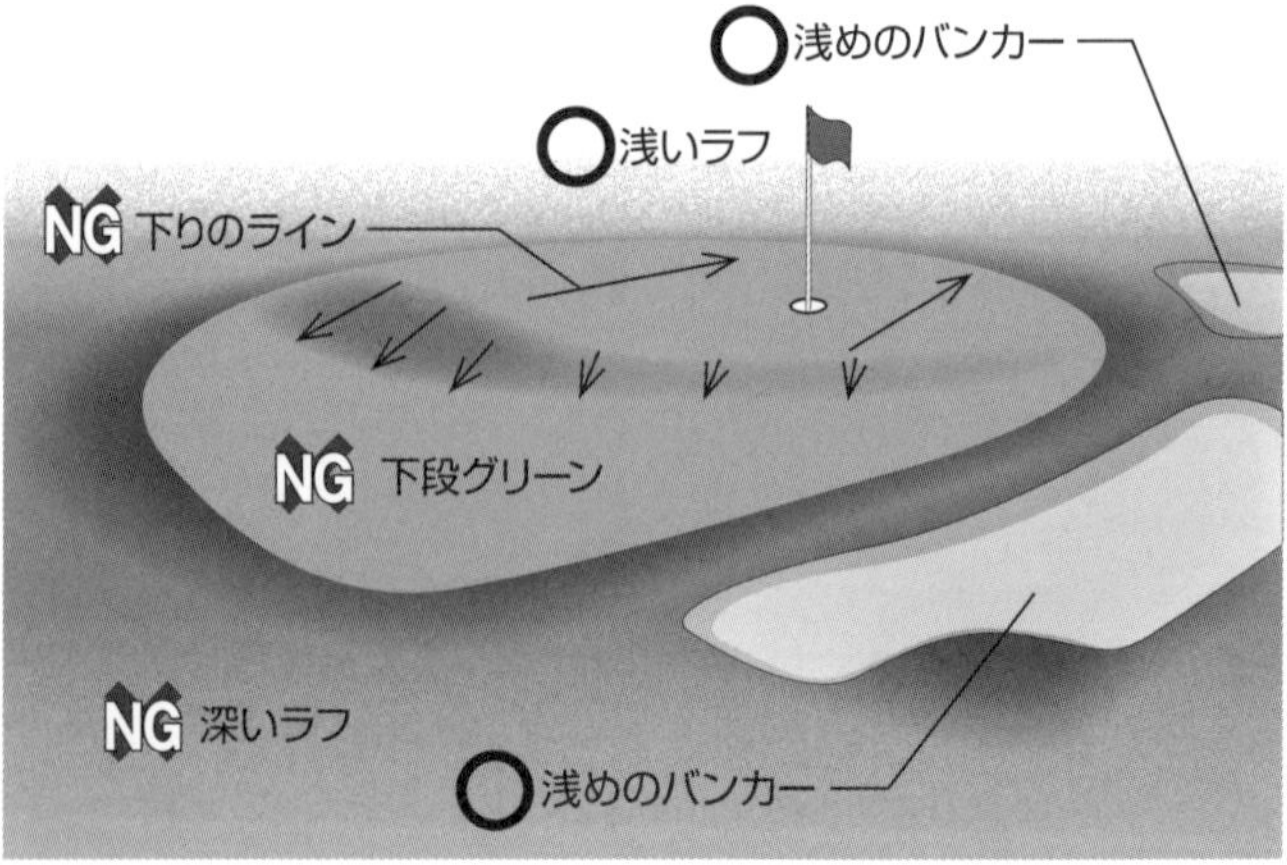

パッティングで中途半端な距離を残したときに、絶対に上りのほうが打ち切れるのです。

「とりあえず乗せてパターのほうがいい」という考えを捨て、つねに3パットのリスクをなくすことを優先に考えることがスコアマネジメントにつながります。

グリーン以外でも、奥に深いラフ、難しいバンカー、OBなどがある場合も同様です。フライヤーになってしまうリスクがあるなら、手前でもいいという感覚で打つようにしましょう。

自分の**ベストショットを想定するのは悪いことではありませんが、その結果スコアを落としてしまっては本末転倒**です。距離や方向が少しズレると難しくなると感じたら、つねにセーフティファーストの考え方をすることが大切です。

むしろ、**パーを狙うのはパー5のロングホールやパー3のショートホール**です。この8つのホールでパーを取ることができれば、10このミドルホールのどこか1つでパー、残りのホールはボギープレーでシングルプレーヤーになれるのです。

THE COURSE MANAGEMENT THAT I MADE USE OF APPROACHING TECHNIQUES BY 100% WILL MAKE YOU A SINGLE-PLAYER.

ショットやパッティングと異なり **調子の波の影響を受けにくいのが「アプローチ」**

スコアをまとめるためのコースマネジメントをしていくうえで、もっとも大切なのがアプローチの技術です。パー4の第2打やパー5の第3打において、無理にグリーンを狙わない代わりに確実に寄せるために必要となるのがアプローチとなります。

実はこれは**もっとも理にかなった戦術**なのです。

パターやショットは非常に調子の波が大きく、コースの状況、体調、メンタルなどに左右されます。ショットは、風の影響を受けたり、体のコンディションや精神状態などによって、上手い人でも乱れることがあります。また、パターも同様で、メンタルなどの理由で上手い人でも入らないケースは少なくありません。

それに比べて**アプローチは、一度、技術を身につけてしまうとブレが少ない**ため、スコアに大きな影響を及ぼしません。たとえば、ショートアプローチで調子が悪い日に1～2ｍのズレが生じたとしても、スコアメイクの上での影響はそれほどないのが特徴です。

アプローチの技術というと難しく感じるかも知れませんが、上手い人はそれほどさまざまなショットをしているわけではありません。**アプローチの基本は、上げるか、転がすかの2つ**です。そのなかで、クラブを替えたり、ちょっと重心の位置を変えることでさまざまなボールを打ち分けることができるのです。

つまり、**フェアウェーキープ率を高め、アプローチを磨くことで確実にスコアをまとめることができる**のです。

アプローチに必要なのは器用さではなく必要に応じた「**クラブ選び**」と「**姿勢の調節**」

アプローチのテクニックはさておき、**ゴルフに共通して言えるのは**、「**手先を使った動きは非常に難しい**」ということです。たとえ、毎日ボールを打っていたとしても、その日の調子や体調に左右され、力の入れ具合などは**決して安定することはない**でしょう。

とくに「利き手」が邪魔をしてしまうのがゴルフの特徴です。右利きの方であれば、**普段は器用な右手の感覚を活かそうとすればするほど、実はやりたいことを何もできなくしてしまっている**のです。

通常のフルスイングはもとより、アプローチのような振り幅の小さなスイングの場合、スイング軌道がズレたと感じたら、つい利き手を使ってそれを元に戻そうとしてしまうことでしょう。ボールを上げようとしたときにそれをしてしまうと、ほとんどの場合、クラブはすくい上げようとする動きになってしまいます。

ゴルフクラブを手で操作してインパクトさせ、イメージ通りにボールを上げるのは非常に難しい動作です。それは、**ボールを上げるのは手ではなく「クラブの役目」**だからです。

ヘッドの重みを利用してボールにインパクトさせた方が、スイングが安定します。その結果、ミスショットがなくなり、イメージに近い打球が打てるようになるのです。イメージ通りの打球を打つために、**ゴルファーができることは、クラブを持ち替えてロフトを変えたり、フェースの向きを少し調節することだけ**です。

クラブの振り幅を細かく調節することさえも、感覚に頼った部分が大きくなって、不安定な要素となってしまうことを忘れてはいけません。

ボールを打とうとするとミスが起こる！「インパクトゾーン」にクラブを通すイメージを持つ

アプローチと言えば、ピンから100ヤード以内のショット。つまり、**フルスイングではないショット**です。なかでも、**ミスが多く見られるのが、ボールを上げようとしたときの動き**です。わざわざ上げる意識をしなくても、普通にスイングすれば、ボールが上がるスイングになっているにもかかわらず、自分で何とかしたくなってしまうのです。

中上級者であれば、グリーンに乗せるまで3打以内、グリーンに乗ってから2打以内を目標に、ダブルボギーをなくすことでスコアがまとまります。これを言い換えれば、アプローチに自信が持てさえすれば、ドライバーでロ

ボールを上げたいときによく見られるNGスイング

ングドライブを狙わなくてもいいということになります。

そのためにもっとも大切なのが、たとえ小さなスイングであっても、感覚に頼った複雑な動作をなるべくしないこと。**スイングはとにかくシンプルにすること**です。

クラブヘッドの重さを利用してスイングすれば、インパクトゾーンでは、クラブはほぼまっすぐに移動します。そして、インパクトゾーンの手前と先でクラブは地面から離れていきます。

具体的な**インパクトゾーンは、自分の体の中心から左右に約45度の間**となります。クラブが長くなるほど、ボールの位置が体から遠くなるため、インパクトゾーンも長くなります。

インパクトでクラブが通過するインパクトゾーン

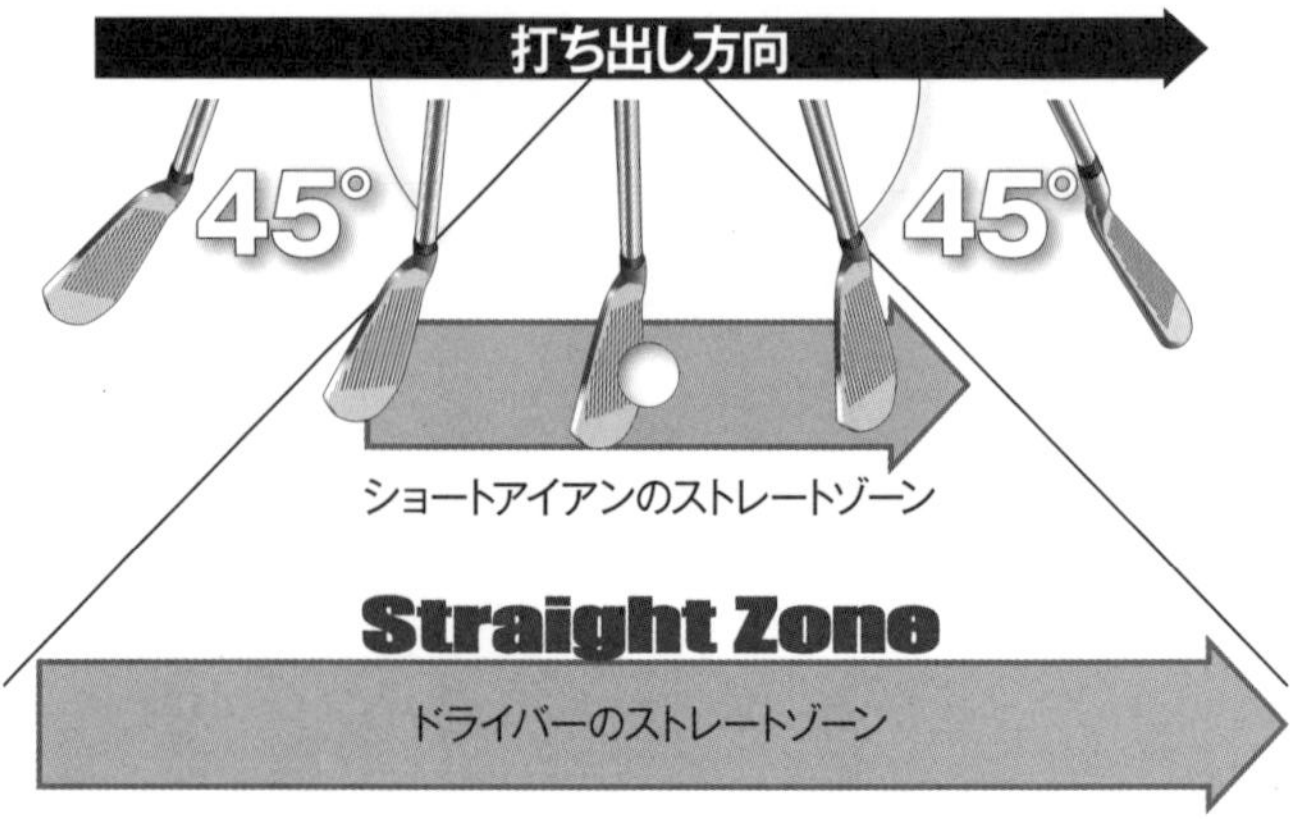

インパクトゾーンの振り幅は、手もとが体の幅に収まる程度と考えるといいでしょう。この幅より大きくスイングするにつれて、徐々にヘッドが高い位置に上がっていきます。つまり、**インパクトゾーンの延長線上にスイングがある**のです。

インパクトを点で捕らえてしまうと、どうしてもボールに当てにいく動きが入ってしまいます。**いかに自然にインパクトゾーンにクラブを通過させるかがスイングの安定性につながります**。

まず最初に、正しく自然なスイングを身につけましょう。

PART 2

アプローチ職人への第１歩！

すべての基本となる「２つのアプローチ」をおぼえよう

ボールを上げるための「ハーフショット」と転がすための「チップショット」をマスターしよう!!

THE FIRST STEP TO BE AN "APPROACH EXPERT". LET'S ACQUIRE BASIC TWO TECHNIQUES SERVING AS BASIS OF ALL APPROACH METHODS.

まず、アプローチのコアとなる2種類のスイングを身につけることが大切です。2種類とはいえ、決して特殊なスイングをおぼえる必要はありません。かんたんに言葉で説明すると、「上げるための打ち方」と「転がすための打ち方」をマスターすればいいのです。

ボールを上げるためには「クラブを上に持ち上げて下に振り下ろす」、転がすためには「クラブを後ろに引いて前に出す」ということです。体の使い方は、**「上げるスイング」は通常のショット、「転がすスイング」はパターのストローク**と同じです。

インパクトゾーンのヘッドの軌道

●「ハーフショット」…上げるための打ち方

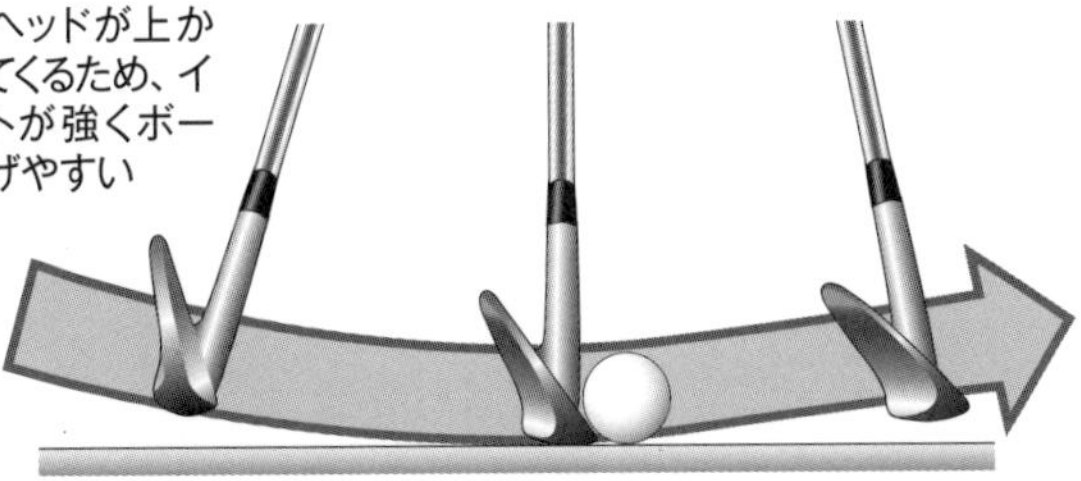
クラブヘッドが上から落ちてくるため、インパクトが強くボールを上げやすい

●「チップショット」…転がすための打ち方

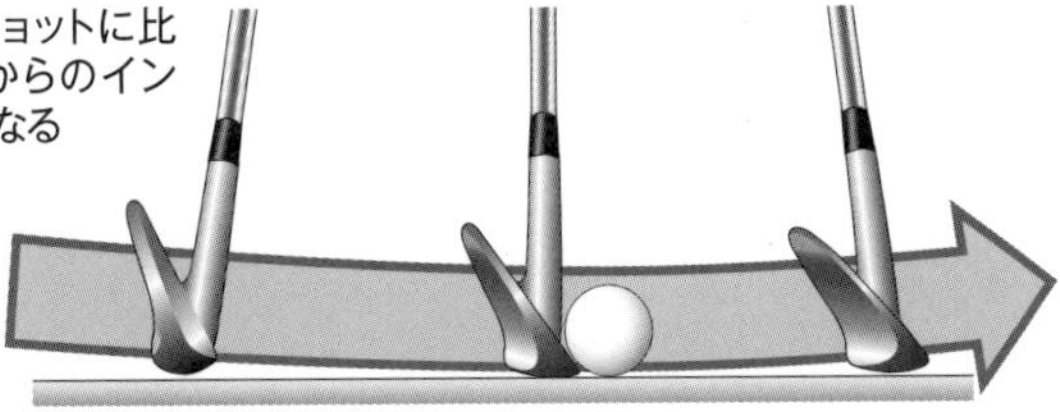
ハーフショットに比べて横からのインパクトになる

本書では、いくつかの打ち方を紹介していきますが、スイングとしてはこの2種類だけマスターしておけば大丈夫です。あとはアドレスのスタンスを変えるだけで、スイング自体を変えずに打球の弾道を変えることができます。

ここからは、上げるための打ち方を「ハーフショット」、転がすための打ち方を「チップショット」として解説していきましょう。

THE FIRST STEP TO BE AN "APPROACH EXPERT". LET'S ACQUIRE BASIC TWO TECHNIQUES SERVING AS BASIS OF ALL APPROACH METHODS.

アプローチではスタンスを狭くする **小さな振り幅でも「小さな体重移動」**で打つ!!

ボールを上げるための「ハーフショット」は、基本的に通常のスイングと同じです。ひとつ違うのは、スタンスの幅です。

ハーフショットは、フルスイングに比べて振り幅が小さくなります。しかし、小さな振り幅でも小さな重心移動をする必要があります。フルスイングのときと同じスタンスだと、股関節を小さく回転しにくくなるため、**スタンスを狭めて立つ**のがアプローチの基本です。

ショットのときと同じスタンスで立ってしまうと、重心移動のない「手打ち」になってしまうので注意しましょう。

通常のアイアンショットのスタンス　　　アプローチショットのスタンス

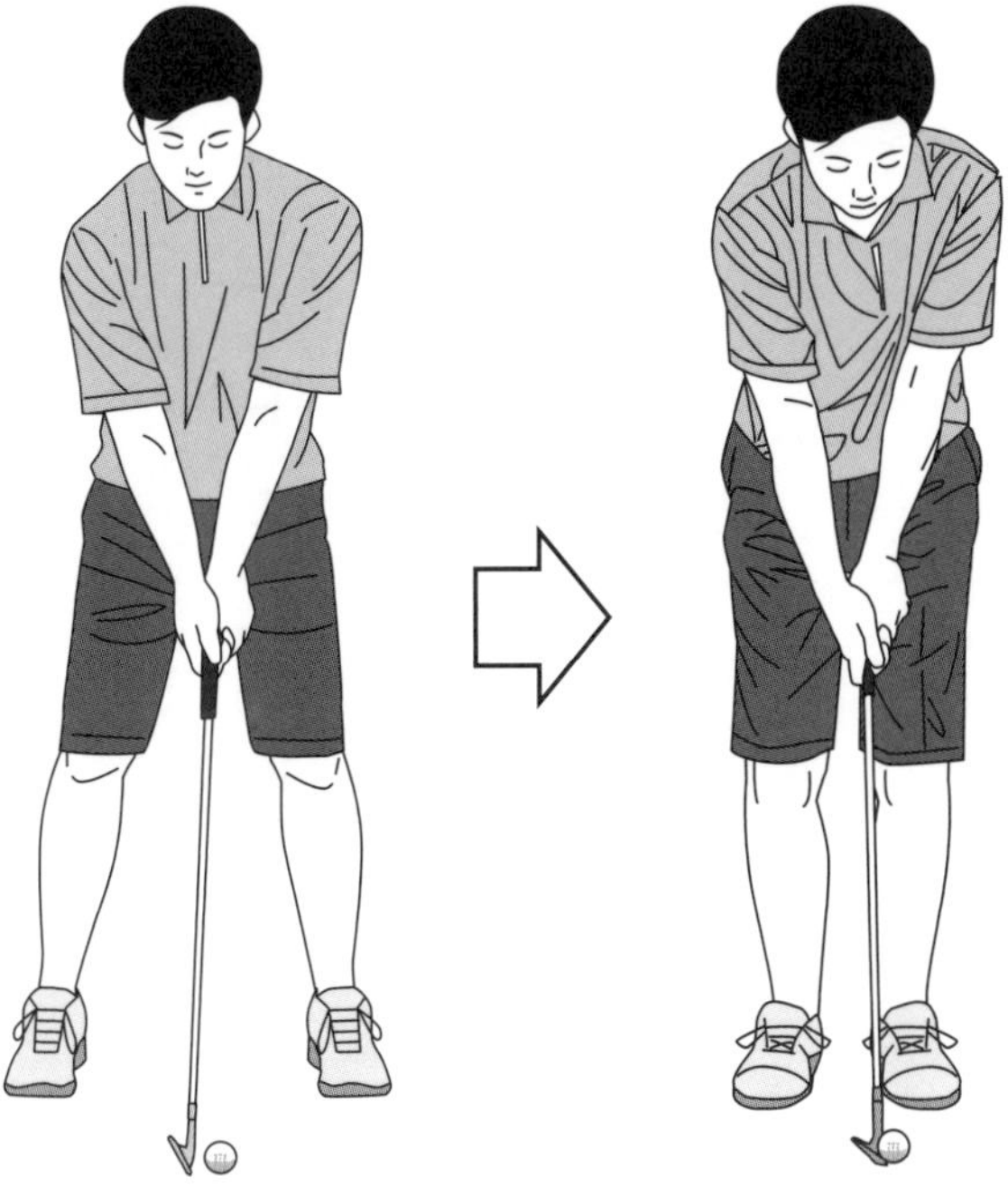

NG

振り幅が小さくなると重心移動のない手先を使ったスイングになりやすいので注意しよう

THE FIRST STEP TO BE AN "APPROACH EXPERT". LET'S ACQUIRE BASIC TWO TECHNIQUES SERVING AS BASIS OF ALL APPROACH METHODS.

スイングの前に確認しておこう!!
正確なショットは正しいアドレス姿勢から生まれる

アプローチでも、通常のショットと同様にインパクトゾーンをなるべくスクエアに出していくのが基本です。状況に合わせてクラブを選ぶため、インパクトゾーンの長さは異なりますが、**インパクトゾーンを意識してクラブを通していくことで方向のミスがなくなります**。

ボールに合わせてクラブを落とそうとすると、右手のスナップで合わせたり、体を開いて当てにいってしまいます。パターのストローク動作の延長がショットという考え方を忘れないようにしましょう。

インパクトゾーンの入り口と出口

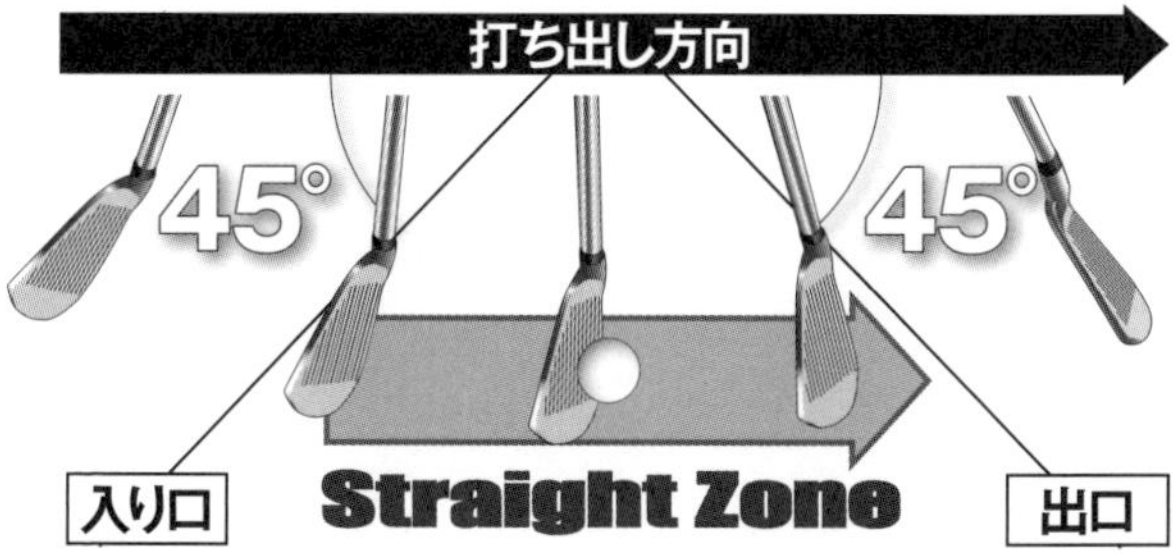

NG
入り口で打つ

ボールを右足側に置くとインサイドアウトのカット軌道やプッシュアウトになる

NG
出口で打つ

ボールを左足側に置くと、体が開いてアウトサイドインのカット軌道になる

振り幅がインパクトゾーンより大きくなると、インパクトゾーンの前後でクラブが地面から上がっていきます。この入り口と出口の位置はクラブの長さによって違います。

入り口でボールを打とうとすると体の左側の振り抜きが悪くなるため、体が開いたり、スウェーしてカット軌道になってしまいます。

また、出口で打とうとしたときも、体が開いたり、伸び上がってしまうため、スクエアなインパクトができなくなります。

NG 入り口で打つとインサイドアウト軌道になる

NG 出口で打つとアウトサイドイン軌道になる

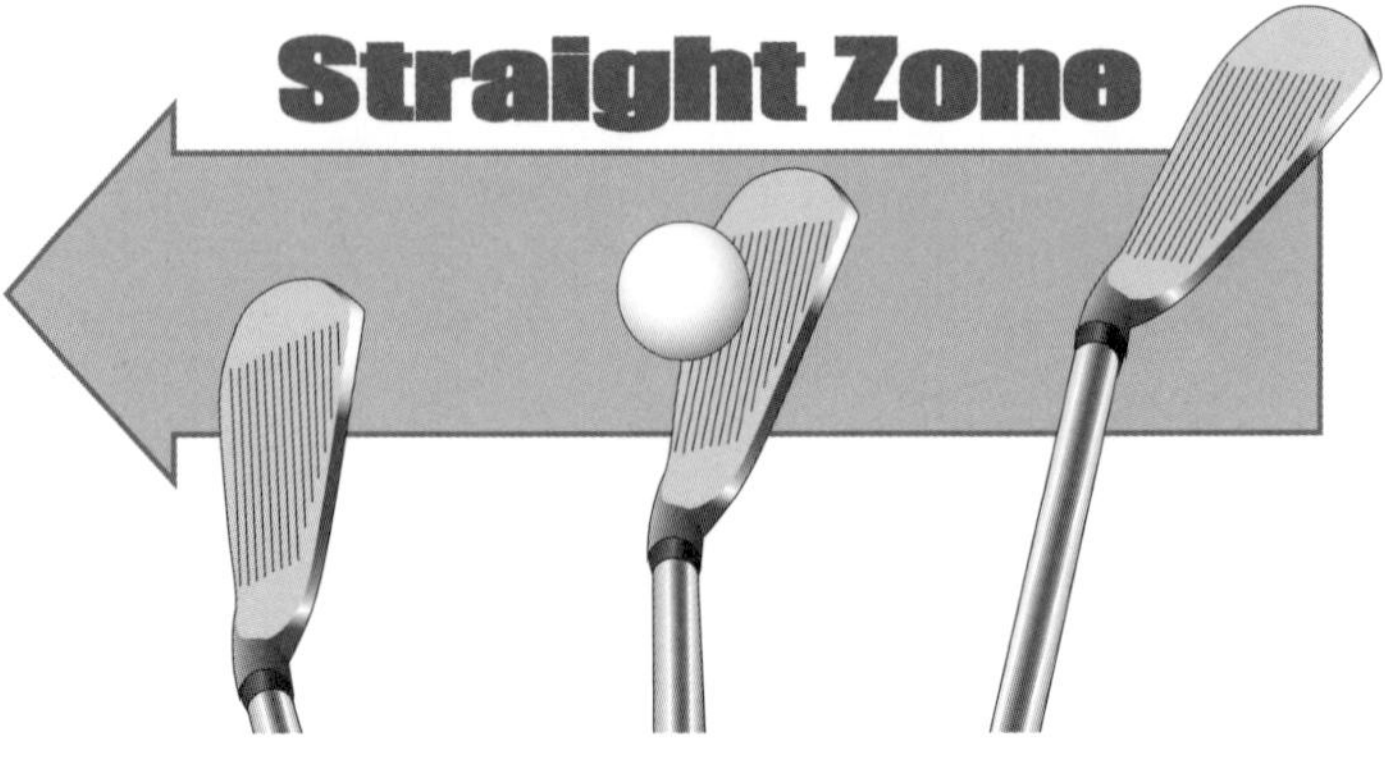

フェースの向きの合わせ方

グリップを軽く握って、胸の前でフェースを立ててヘッドを数回上下したときに、もっともクラブの重さを感じなくなるフェースの角度がスクエアの向きになる

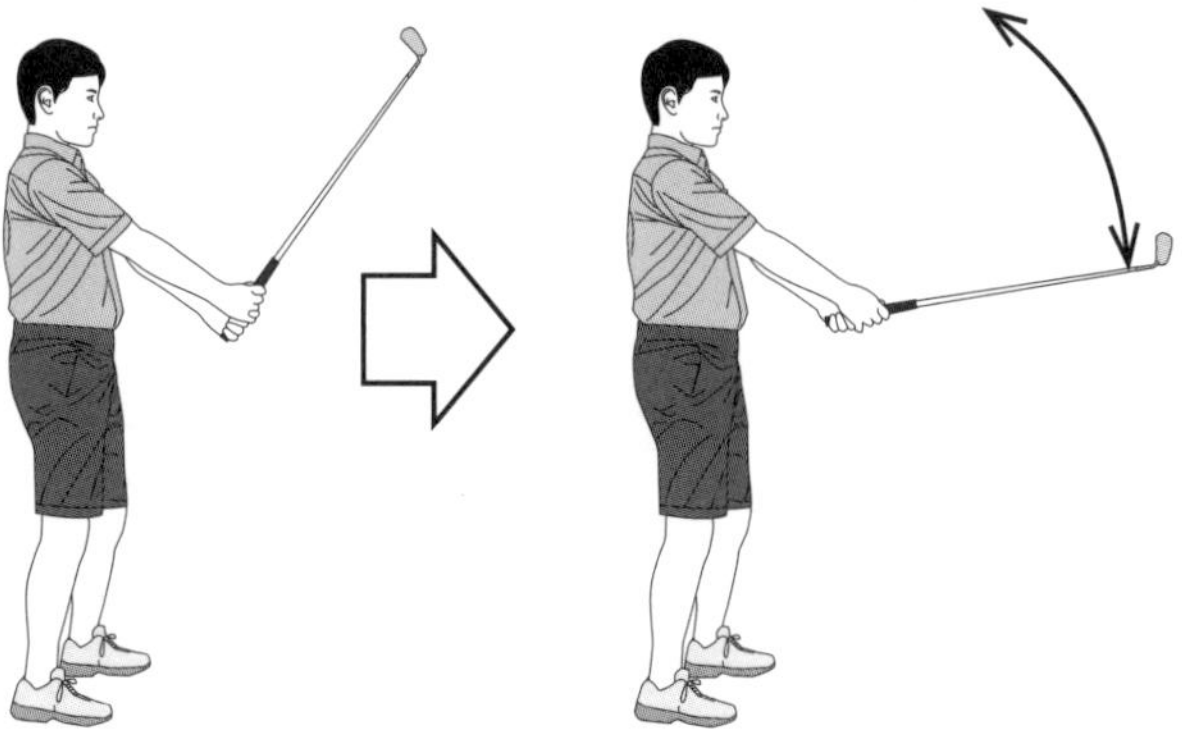

このように、ボールに当てにいくことでインパクトの軌道が乱れます。普段から**打点に合わせるのでなく、クラブを通す場所を考える習慣をつけておく**ことが大切です。

アドレスでは、ボールの位置以外にも体の向きにも注意が必要です。ボールを打つ方向に合わせてフェースをセットして立つ方を多く見かけますが、このときにフェースの向きがズレているとミスが起こりやすくなります。

フェースの向きをスクエアにするときは、クラブを胸の前で上下に動かして、**もっとも重みを感じないところでスッ**

体の向きの合わせ方

スイングの方向は両腕のついている胸の向きで決まる。打ち出し方向に対して胸がスクエアになるように構えるのが基本

NG
スタンスを決めてセットする

スタンスで体の向きを決めてしまうと上体が開いていても気づかない

と構えるようにしましょう。

もうひとつアドレスのときに注意したいのが、体の向きです。

よく、打ち出したい方向にスタンスを合わせて構える方を見かけますが、これは間違いです。

スイングの方向は、胸の向きで決まります。スタンスがスクエアであっても、胸が打ち出し方向に開いていれば、スイングも左に打ち出すスイングになってしまいます。

目標方向に胸がスクエアになるように構えることを心がけましょう。

ミスショットの原因で、もっとも多く見られるのが、ボールを上げたい気持ちが強くなって体が開いてしまうことです。それを予防しようとしてボールを右に置く人が多いようです。そして、ボールを右に置いた結果、インパクトが安定しなくなり、ザックリとダフってしまったり、トップしてしまうのです。

これは、スイングを度外視して、フェースとボールとターゲット方向だけで何とかしようとした結果とも言えます。

インパクトではなく、スイングを重視することで、スイングの軌道が立ってきます。そうすることで、インパクトゾーンに上からクラブが入り、インパクトでヘッドが起きてくるのでこのようなミスはなくなります。

振り幅は2種類で十分!!
クラブごとにキャリー&ラン比率をおぼえておこう!!

アプローチはボールを遠くに飛ばすためのショットではありません。せいぜい遠くても100ヤードの距離をコントロールして打つショットです。そのためには、**打ちたい距離を楽に打てるクラブを選択**しなければなりません。

以前のようにボールをつぶすように打つときは、5アイアンや7アイアンなども使っていましたが、今はボールをフェースに乗せていく打ち方をするのでアイアンはあまり使わず、上げるボールを打つためには基本的にウェッジを使用します。

ハーフショット

手もとが腰の高さから腰の高さまでのスイング

通常のショットでも同じですが、インパクトの強さで飛距離をコントロールするのでなく、振り幅を調整することで自然にインパクトの強さを変化させることが大切です。

インパクトのパチンという打感でなく、**ヘッドの重みを活かしたスイング**を心がけましょう。

振り幅は大きくても、せいぜい手もとが腰の高さから腰の高さくらいまでのスイングとなります。

距離がもう少し近いショットであれば、クラブヘッドがひざの高さか

ハーフショット

ヘッドがひざの高さからひざの高さまでのスイング

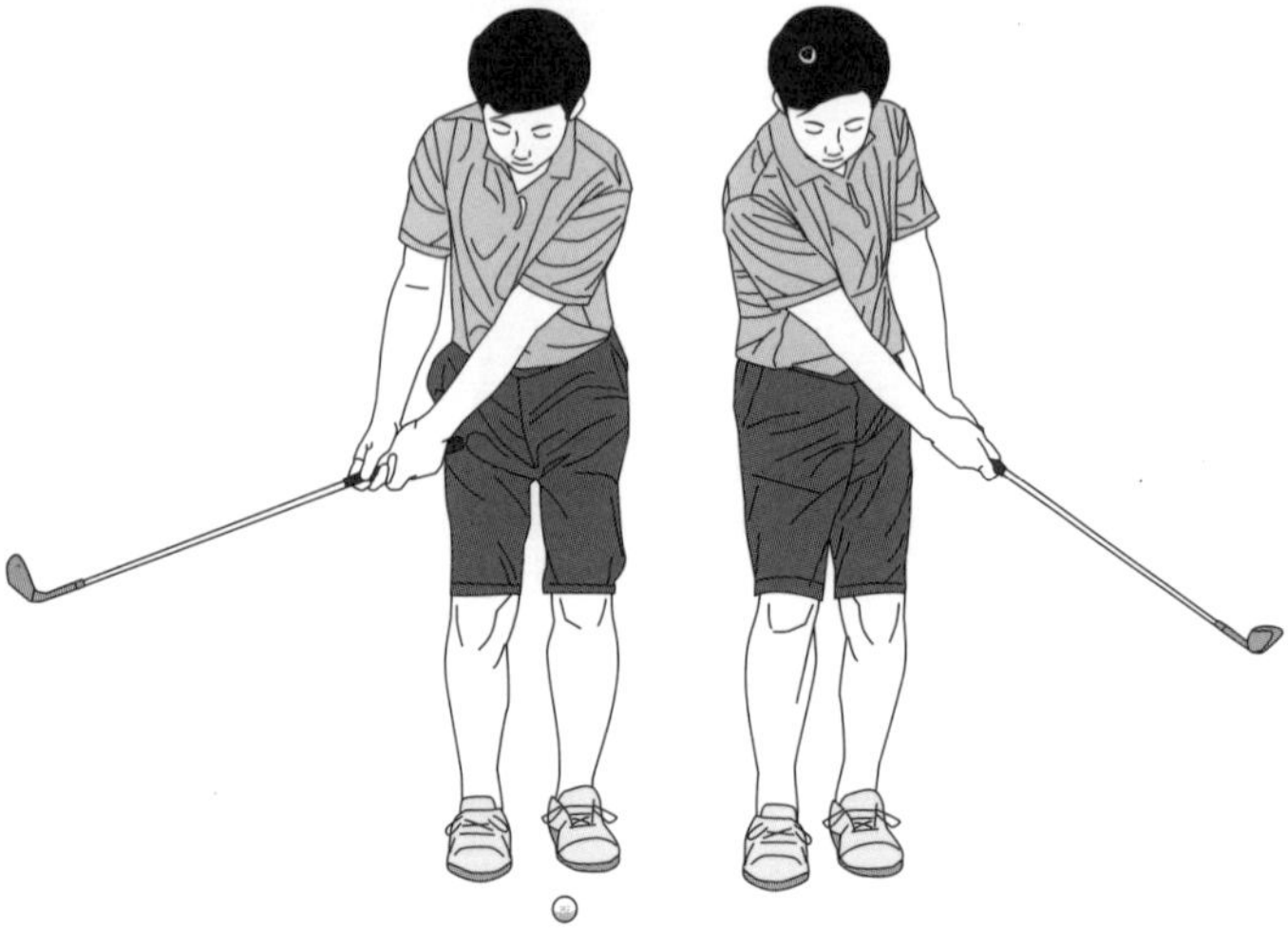

らひざの高さに来る程度までのコンパクトなスイングをするようにしましょう。

振り幅に関しても、腰から腰、ひざからひざの2種類程度をマスターしておけば十分です。振り幅で細かく距離を調整しようとすると、どこかに力が入って自然なスイングができなくなってしまいます。基準となるものをできるだけ少なく、シンプルにしておくことが大切です。

2つの振り幅の中間の距離に打ちたいときは、クラブを持ち替え

番手ごとの飛距離とキャリーとランの比率例

●腰から腰までの振り幅のハーフショット

クラブの番手	飛距離	キャリー	ラン	比率
8アイアン	50ヤード	12.5ヤード	37.5ヤード	1:3
9アイアン	40ヤード	13.3ヤード	26.7ヤード	1:2
48°	30ヤード	15ヤード	15ヤード	1:1
54°	20ヤード	13.3ヤード	6.7ヤード	2:1
58°	15ヤード	11.2ヤード	3.8ヤード	3:1

●ひざからひざまでの振り幅のハーフショット

クラブの番手	飛距離	キャリー	ラン	比率
8アイアン	30ヤード	7.5ヤード	22.5ヤード	1:3
9アイアン	25ヤード	8.3ヤード	16.7ヤード	1:2
48°	20ヤード	10ヤード	10ヤード	1:1
54°	15ヤード	10ヤード	5ヤード	2:1
58°	10ヤード	7.5ヤード	2.5ヤード	3:1

※飛距離には個人差があり、使用ボールやクラブでも異なるため自分で把握しておくことが大切

て調整していきましょう。

アプローチでは、どちらかというと**キャリーとランの比率を考えたクラブ選択**が大切になります。

腰から腰の振り幅とひざからひざのスイングで、クラブごとのキャリーとランの比率をおぼえておくようにしましょう。

使用ボールやクラブによっても変化するので、いつも使用しているギアを使って確認しておくことが大切です。

THE FIRST STEP TO BE AN "APPROACH EXPERT". LET'S ACQUIRE BASIC TWO TECHNIQUES SERVING AS BASIS OF ALL APPROACH METHODS.

通常のアイアンショットにも直結する体幹を使った**正しいスイング**を身につけよう!!

小さな振り幅のアプローチショットでは、**通常のショットのクセが出やすくなります**。たとえば、フルスイングのときにボディターンを意識している人は体が開きやすく、上体が突っ込みやすい方は突っ込んでしまいます。

これらが起こるのは、フルスイングのときに腕や体の使い方でスイングの軌道をコントロールしようとしているからです。アプローチショットでは、フルスイングのようなトップでの切り返し動作がありません。切り返しの反動を利用できないぶん、手先や体でコントロールしようとしてしまうのです。

アプローチを苦手にしている方の多くは、日ごろから感覚に頼ったスイング

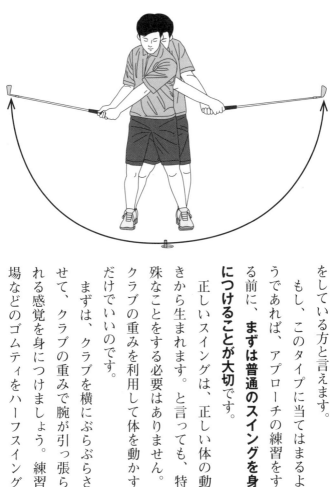

スイング矯正❶ 練習場でのゴム打ち練習

をしている方と言えます。
もし、このタイプに当てはまるようであれば、アプローチの練習をする前に、**まずは普通のスイングを身につけることが大切**です。
正しいスイングは、正しい体の動きから生まれます。と言っても、特殊なことをする必要はありません。クラブの重みを利用して体を動かすだけでいいのです。
まずは、クラブを横にぶらぶらさせて、クラブの重みで腕が引っ張られる感覚を身につけましょう。練習場などのゴムティをハーフスイング

スイング矯正❷ フルスイングでのゴム打ち練習

でパチーンパチーンと連続して叩いてみましょう。ボールに当てにいく動きをしている方は、クラブを戻すときにティに当てられないはずです。自然にクラブをぶらぶらさせてみましょう。

小さなスイングでコンスタントに当たるようになったら、徐々にスイングを大きくしてフルスイングでもできるようにしておくことが大切です。

フルスイングしたときにゴムに連続してなかなか当たらない方は、「体幹スイング体操」で正しい体の使い方の感覚をつかみましょう。

スイング矯正❸　体幹スイング体操

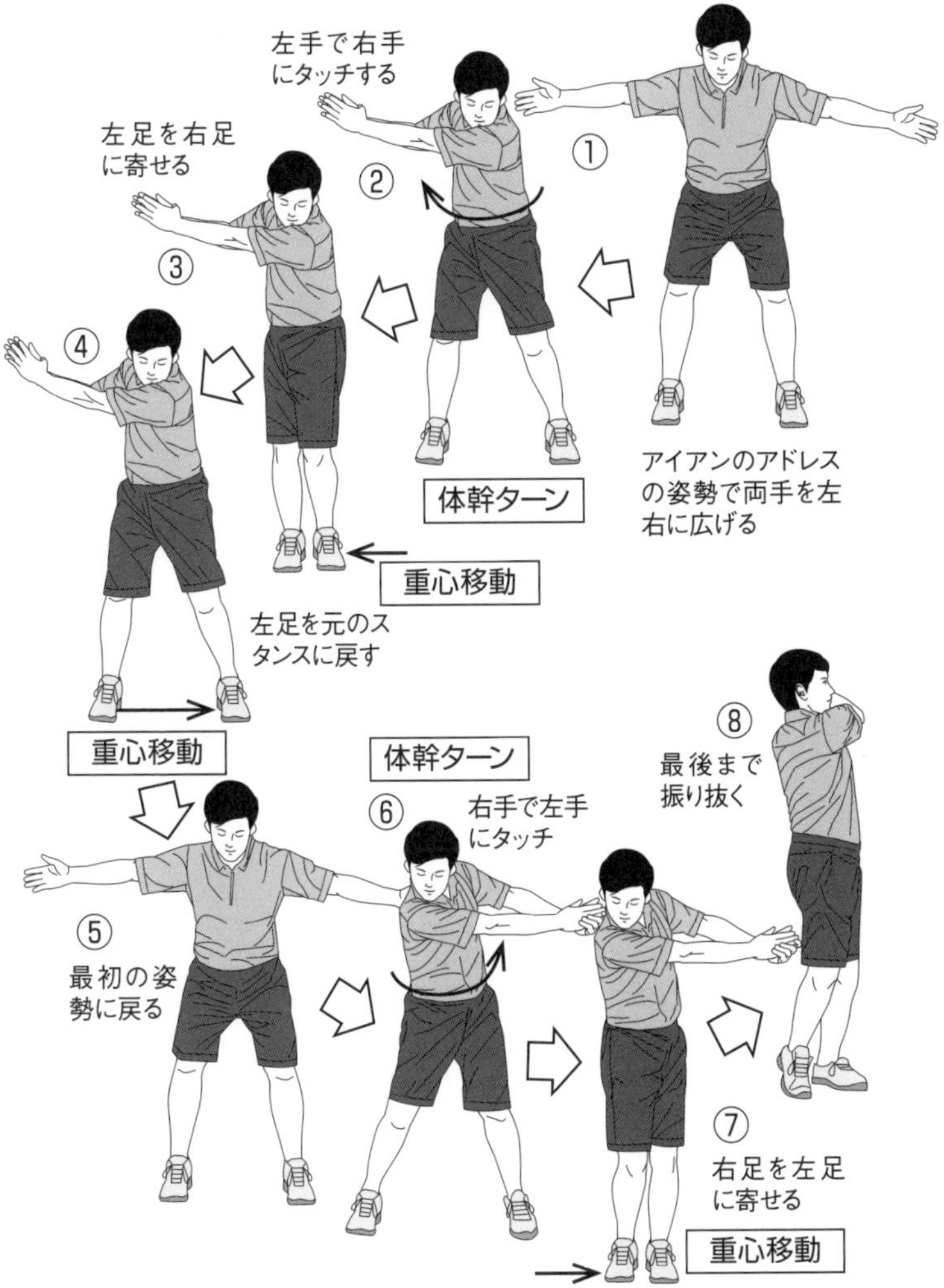

クラブを後ろに引いて前に出すチップショットは**アドレスもスイングもパッティングに似ている‼**

ハーフショットがボールを上げる打ち方なのに対して、ボールを転がすのがチップショットです。ハーフショットがクラブを振り下ろすのに対して、クラブを後方に引いて前に出すインパクトになるのがチップショットの特徴です。

スイングのイメージは、通常のショットではなく、パターのストロークに近く

チップショット

○チップショットのアドレス　●ハーフショットのアドレス

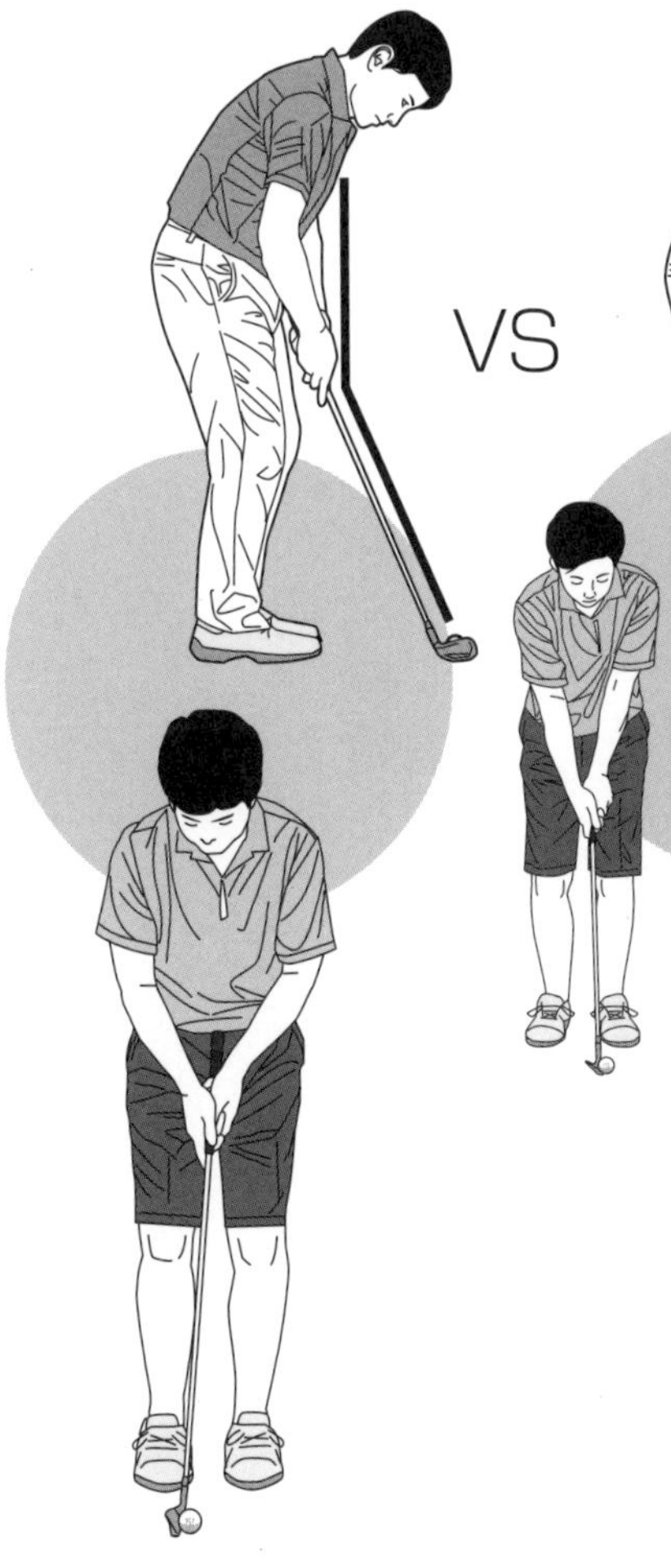

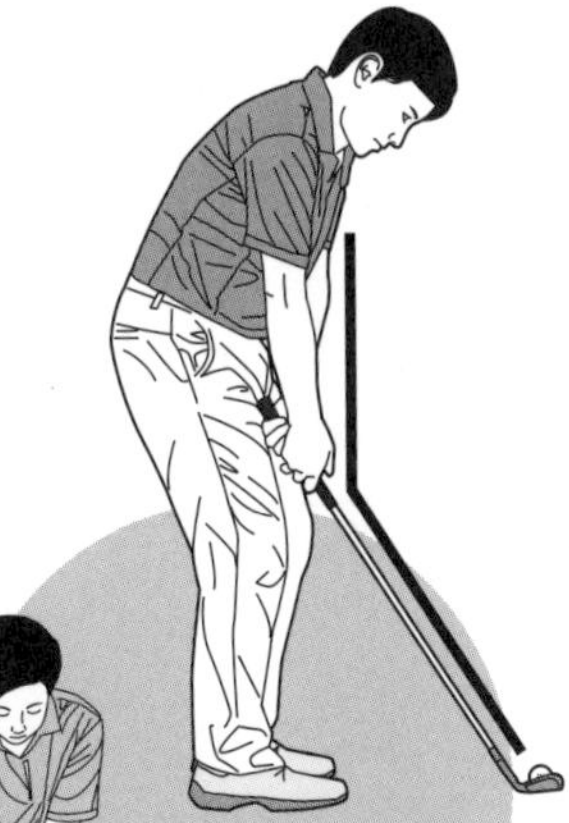

なります。

チップショットでは、アドレスの姿勢もストロークに近くなります。ハーフショットのときに比べ、ボールを近くに置き、ボールを上から見るため、前傾が少し深くなるのが特徴です。

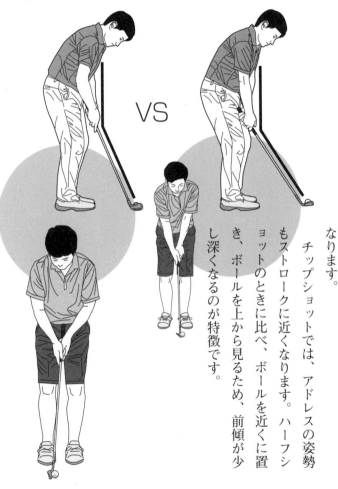

THE FIRST STEP TO BE AN "APPROACH EXPERT". LET'S ACQUIRE BASIC TWO TECHNIQUES SERVING AS BASIS OF ALL APPROACH METHODS.

パッティングのクセがそのまま露出するから苦手な方はパターから練習しよう!!

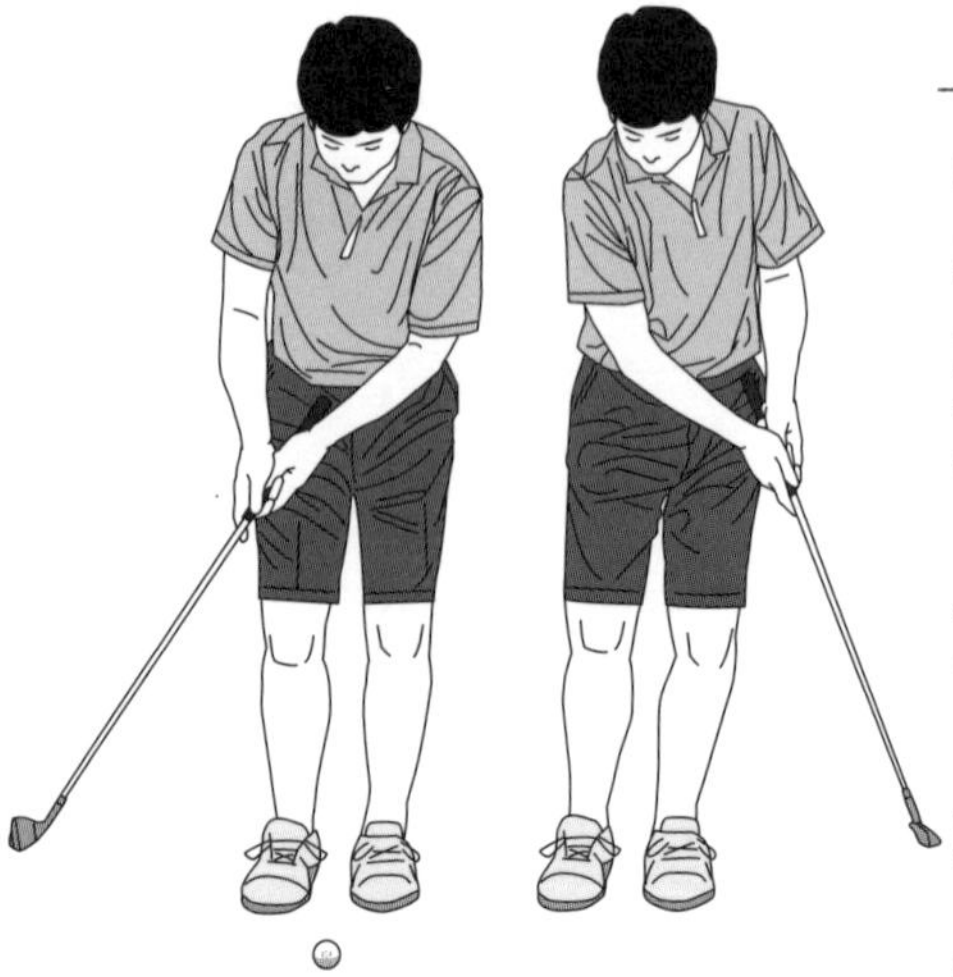

チップショットの体の使い方は、ロングストロークの動きに酷似しています。

グリーンに比較的近くから打つことも多いショットのため、パッティングで打球が気になってヘッドアップしてしまう方などは要注意です。

また、パッティングで気づかずにボールに当てにいく動きになっている方は上

チップショット

パターのストロークで正しいフォームを身につけよう

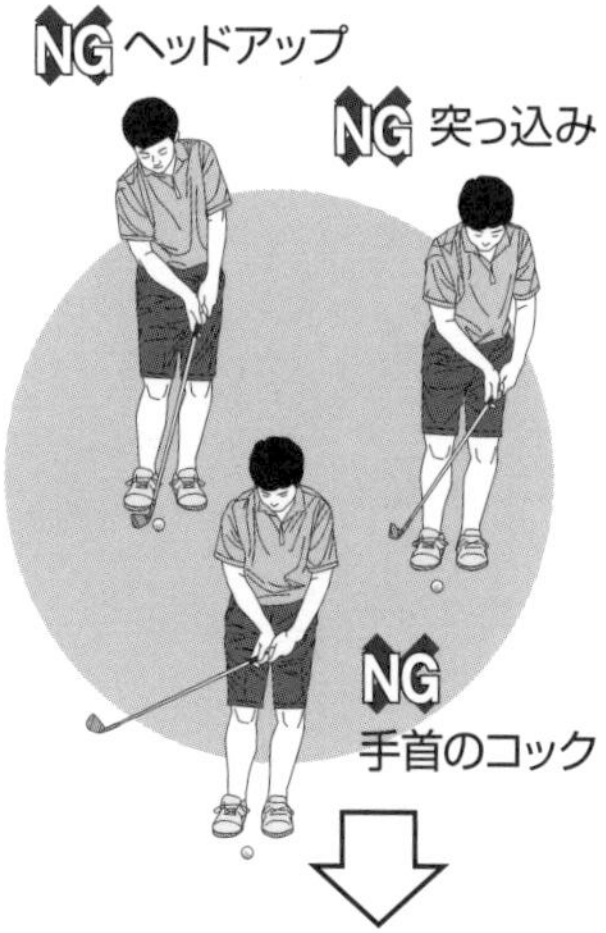

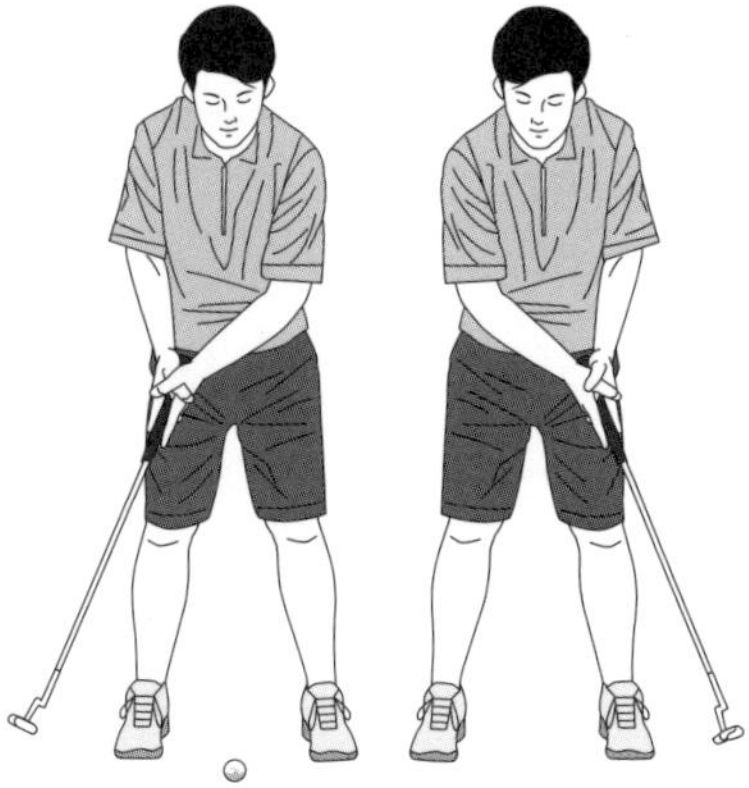

体が突っ込んでザックリしてしまうことでしょう。

パッティングが苦手な方は、まずパターの**インパクトゾーンを意識してパッティングの練習から始める**ことで、チップショットを簡単に身につけられます。

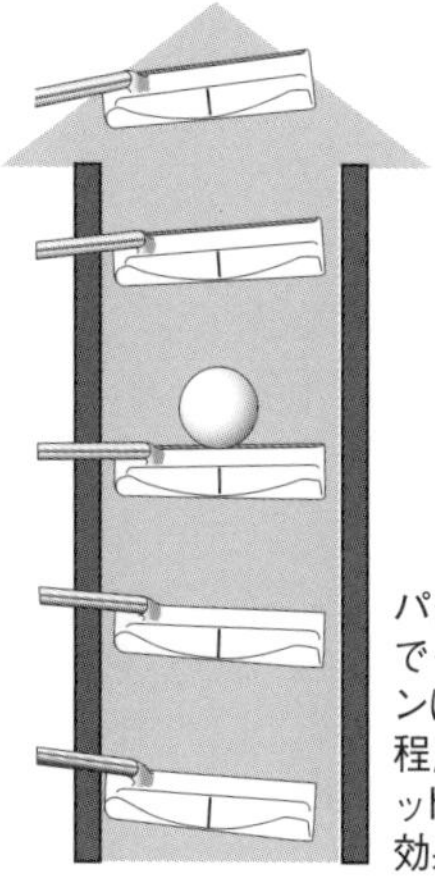

パターヘッドの幅でインパクトゾーンに置いた30cm程度のレールにヘッドを通す練習が効果的

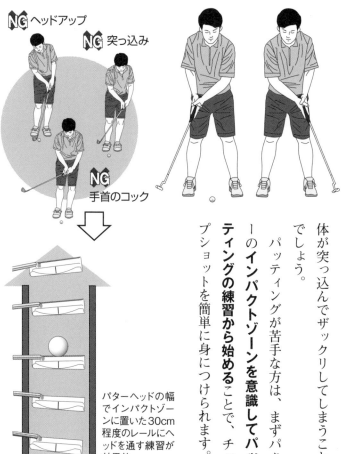

体が開いたり、手首を使ってしまう方は**クロスハンド**で打てば**すぐに矯正できる!!**

最近パッティングでプロの間でも多く見られるようになった**クロスハンドのグリップでチップショットのフォームのチェックをする**ことができます。

打ち出しの方向でもっとも注意したいのが右肩が下がる動きです。手もとでコントロールしようとすると、体が開いて右肩が下がり、インパクトゾーンのクラブヘッドの動きに影響してしまいます。これを強制的にできなくするのがク

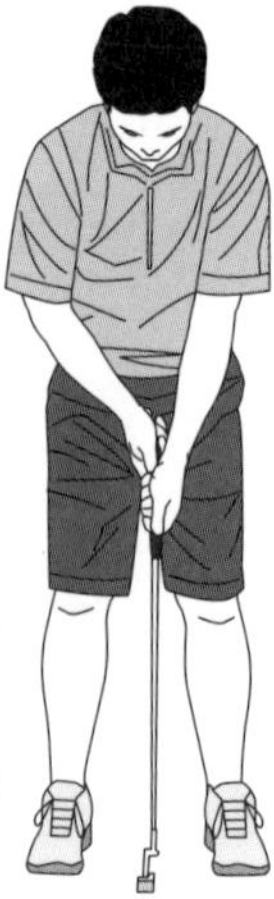

最近、プロの間でもよく見られるようになったクロスハンドストローク

チップショット

クロスハンドで打てば体が開かなくなる

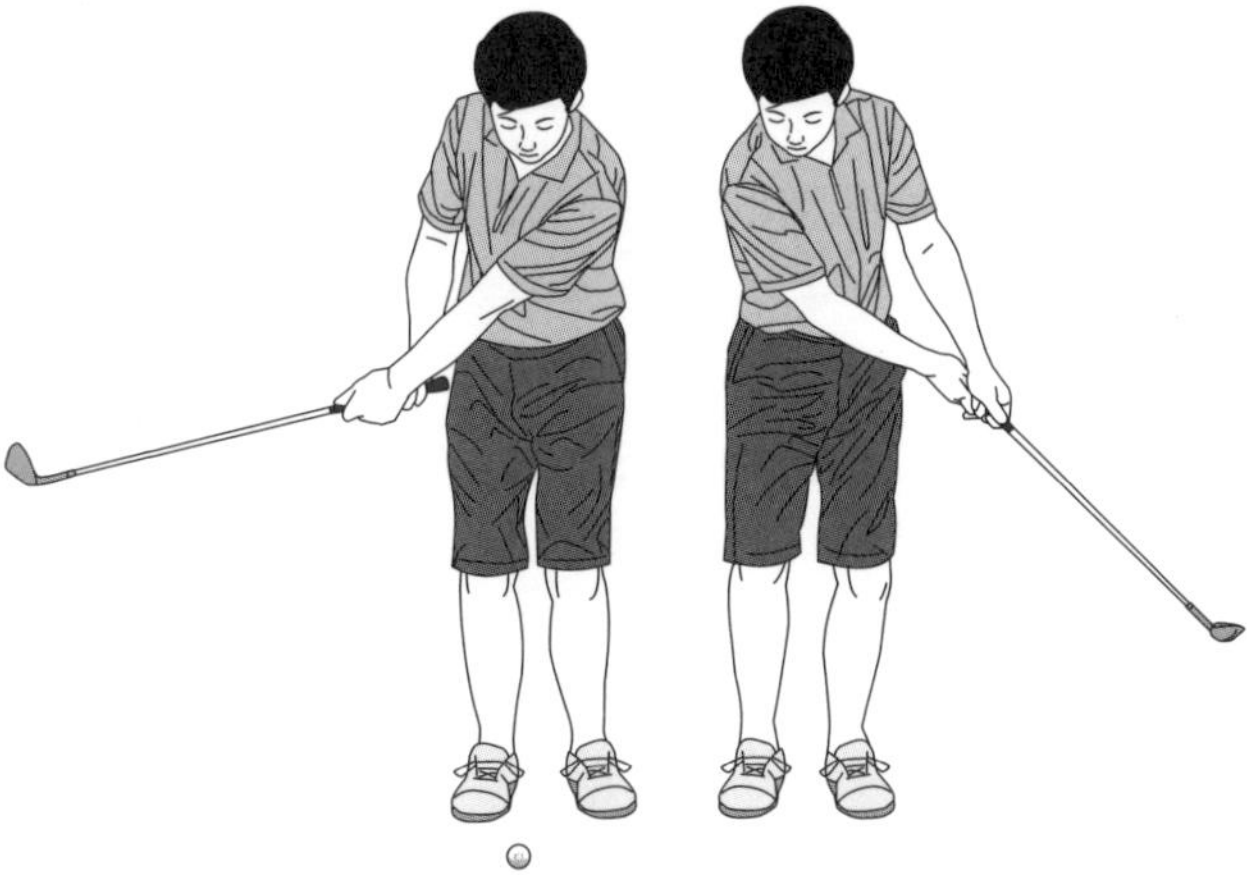

ロスハンドグリップです。

クロスハンドに握って、手先でボールを上げようとするとクラブにボールが当たりません。クロスハンドでは、ダウンスイングで体の左側が開きにくくなるため、体を開こうとする動きをすると、クラブにボールが当たりません。

この打ち方に慣れてきたら実際にアプローチでも使ってみるのもいいでしょう。たとえば、ラウンド中に、体が開いてボールが右に行き始めたところで、クロスハンドで体の回転を意識したスイングに引き戻すというのも有効な手段です。

チップショットの距離感と使用クラブ

基準となるのはグリーンまでの距離とピンの位置

●手もとの位置が左右の脚のつけ根の範囲のチップショット

クラブの番手	飛距離	キャリー	ラン	比率
8アイアン	25ヤード	5ヤード	20ヤード	1:4
9アイアン	20ヤード	3.3ヤード	16.7ヤード	1:2
48°	15ヤード	7.5ヤード	7.5ヤード	1:1
54°	12ヤード	8ヤード	4ヤード	2:1
58°	8ヤード	6ヤード	2ヤード	3:1

チップショットは高く上げたり、飛距離を稼ぐためのショットではありません。基本はグリーンにほど近いところから打つパッティングの延長のショットです。

そのため、クラブ選びのときに、まず考えなければならないのが、ボールからグリーンエッジまでの距離と、グリーンエッジからピンまでの距離の2つとなります。

上記の表は、手もとの位置が右脚のつけ根から左脚のつけ根程度までのスイングの飛距離とキャリー／ラン比率の例です。もし、グリーンが平らであれば、これを基本にしてみるのもいいでしょう。速いグリーンであればランが長くなり、遅いグリーンであればランが短くなります。

さらにグリーンのアンジュレーションを考慮したクラブ選択やショット選択をするようにしましょう。

PART 3

ショートゲームの達人になろう!

誰でも簡単に身につけられるアプローチ4スタンス

ボールを上げるための「ハーフショット」と転がすための「チップショット」をマスターしよう!!

THE FIRST STEP TO BE AN "APPROACH EXPERT". LET'S ACQUIRE BASIC TWO TECHNIQUES SERVING AS BASIS OF ALL APPROACH METHODS.

ゴルフでは、スイングの軌道を変えることで、打球の高さや軌道を変えることができます。しかし、打ちたいボールごとにスイングを変えることは不可能です。**意図的にスイング軌道を変えようとすると、スイングが乱れてミスショットに終わる**ことでしょう。

そこでポイントとなるのがアドレスです。**アドレスを変化させることで、スイングを一定に保ったまま、クラブの軌道を変えることができる**のです。自分としてはつねに通常のスイングを心がけるだけで、自然にフェースの向きやインパクトの入り方を調整することができるのです。

アプローチ4スタンス

Stance 1 ハンドファースト

Stance 2 オープンフェース

Stance 3 オープンスタンス

Stance 4 クローズスタンス

本章では、その基準となる4つのスタンスを解説していきます。この4つをマスターした上で、必要に応じてこれらを組み合わせていくことで、さまざまな状況に対応できるショットが打てるようになります。

どのアドレスにも共通しているのが胸をスクエアに構えるということです。つねに胸の向きを基準にしたスイングを心がけましょう。

さまざまな**アプローチ技術**を身につけることで**ゴルフが戦略的**になってさらに**楽しくなる**!!

昔から「ボールを右に置け」、「フェースをかぶせろ」など、いろいろと言われていますが、これらの言葉を間違った解釈をしているアマチュアプレーヤーを非常に多く見かけます。

また、道具の進化で昔と大きく変わった点もあります。クラブの進化に伴い、現在は飛距離の出やすいディスタンス系のボールが主流になっています。つまり、昔よりボールが硬くなっているのです。つまり、昔のようにボールをつぶすように打ち込んで、**鋭いスピンをかけようとしても、以前よりもスピンがかかりにくくなっている**のです。ボールを止めたいのであれば、「高く上

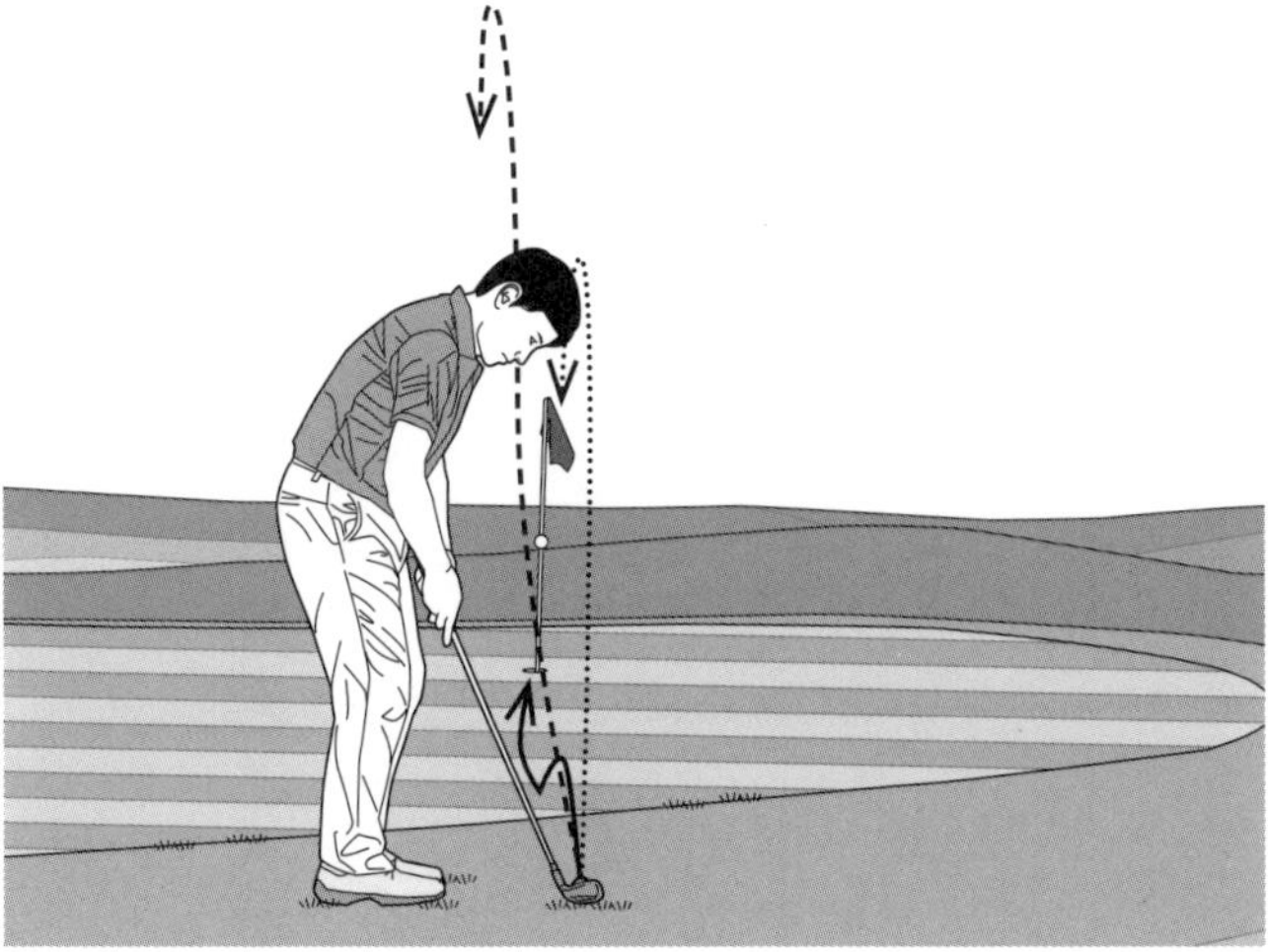

げてボールの重みを利用して止める」といった弾道による打ち分けが現在の主流です。

また、概念的な勘違いをしている方も多く見られます。

たとえば、フェースを開くとボールが高く上がるイメージがありますが、実際はボールの下をこするだけでそれほどボールは上がらないものです。インパクトの入り方や強さによっても打球の弾道は変わります。

それぞれの打ち方の特性を知って、さまざまな打球を打ち分けられるようになると、さらに戦略的なゴルフができるようになります。

フェースの向きとスタンスの向きで変化する打球の軌道とスピンの特性を理解しよう!!

THE FIRST STEP TO BE AN "APPROACH EXPERT". LET'S ACQUIRE BASIC TWO TECHNIQUES SERVING AS BASIS OF ALL APPROACH METHODS.

アプローチでは、それぞれの状況に応じて、フェースを立てるのか寝かすのか、バックスピンをかけるのか順回転をかけるのか、高く上げるのか転がすのかを考慮することで、ベストショットを選択するのが理想です。

さまざまな打ち方を身につける前に、打ち方による打球の特徴や、スイングの意図を理解しておくことが大切です。ここでは、フェースを立てるハンドファーストとフェースを寝かせるオープンフェース、オープンスタンスとクローズスタンスの特徴をつかみ、それらを組み合わせることでどのようなボールになるかを理解していきましょう。

●低い打ち出しから上げて止める

ハーフショットでは、低い打ち出しでランが出ないボールになる。チップショットでは、出足が速く、スライス回転がかかっているためフックラインで転がらない

スピン量

① オープンスタンスのハンドファースト
フェースをもっとも立てて打つための打ち方。上から鋭角なインパクトになるため、スピンがもっとも強くなる

② ハンドファースト
スクエアスタンスからの普通のハンドファースト。①よりもスピンがかからないため、飛距離は少し長くなる

③ オープンスタンス
インパクトで多少フェースが立つので、通常のショットより多少打ち出しが低くラインを出しやすくなる

●低いボールでランを出す

順回転がかかって、キャリーは出ないが球足が長いランの出るボールになる。チップショットでは、フックラインでランが出て、スライスラインで流れない

ランの距離

① クローズスタンスのハンドファースト
インパクトでフェースが立った状態で返るため、低い打ち出しで順回転でもっともランが出るボールになる

② クローズスタンス
普通のクローズスタンス。①よりもスピンがかからないため、ランは少し短くなる

●ふわっと小さく上げ、軌道とボールの重みで止める

ボールの下をリーディングエッジをすり抜けさせるイメージで打つため、飛距離が出ずにランも出ないボールになる

ランの短さ

①オープンスタンスのオープンフェース
もっともフェースを寝かせた状態でインパクトするため、飛距離をもっとも抑えることができる

② オープンフェース
普通のオープンフェース。①よりもフェースが立つぶん、飛距離とランが少し長くなる

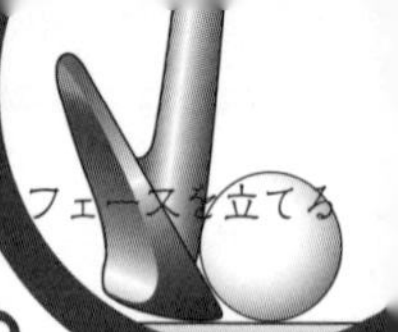

Shut Face

HAND FIRST

THE FASTEST WAY TO BE AN APPROACH-EXPERT IS ACQUIRING 4 STANCES.
ALL YOU HAVE TO DO IS JUST CHANGE THE STANCE BUT YOUR SWING.

ハンドファーストのダウンブローのインパクトで**低い打ち出しで止まる**ボールを打つ!!

ハンドファーストのアドレスはボールを上から打ってスピンを利かせるための構え方と言われています。手もとの位置がボールより前にあるため、スイングの最下点より手前のダウンブローのインパクトになります。

ハンドファーストでは、フェースが立った状態でのインパクトになるため、打ち出しは低く、通常のハーフショットよりスピンがかかるため、**低く打ち出してもあまりランが出ない**ボールを打つことができます。

以前は、ボールをつぶすように打つことで鋭いスピンをかけて止める技術

ハーフショット

手もとが前になるぶんクラブが鋭角に落ちるダウンブローになる

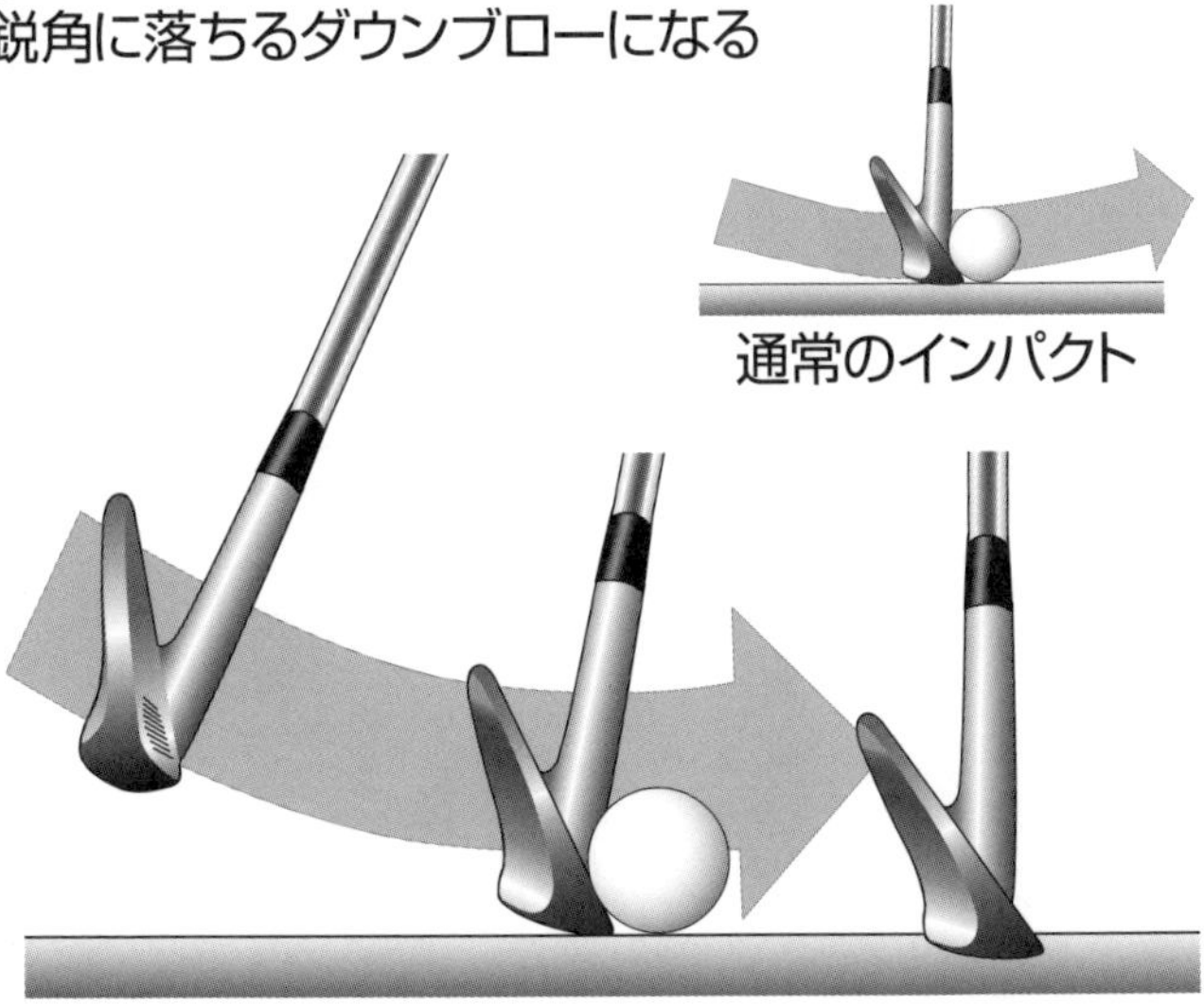

FOR HALF SHOT

などが多用されていましたが、現在は飛距離が出る硬いボールが多くなったため、無駄なスピンをかけずにボールの重さを利用して軌道で止めるような打ち方をイメージしたほうがよいでしょう。

その応用として、クラブを少し上から入れてスピンをかける打ち方も紹介していきますが、以前のようなキュキュッとブレーキのかかるような激しいスピンのイメージとは少し異なるでしょう。

正しいハンドファーストのつくり方

通常のアドレス

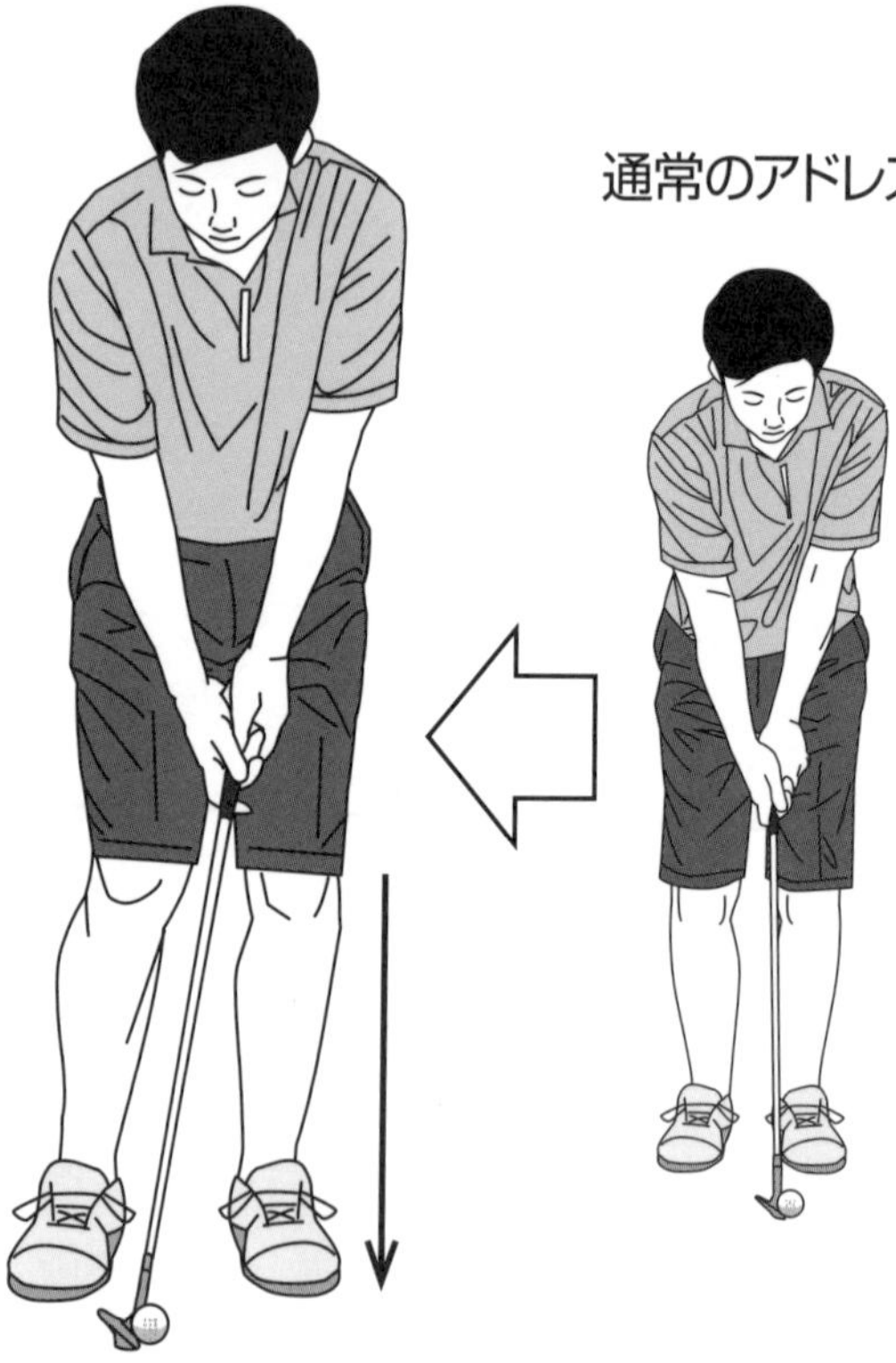

普通に構えたところから
左足に重心を乗せる

ハーフショット

ここに注意

POINT
胸の向きは打ち出し方向にスクエアに保つ

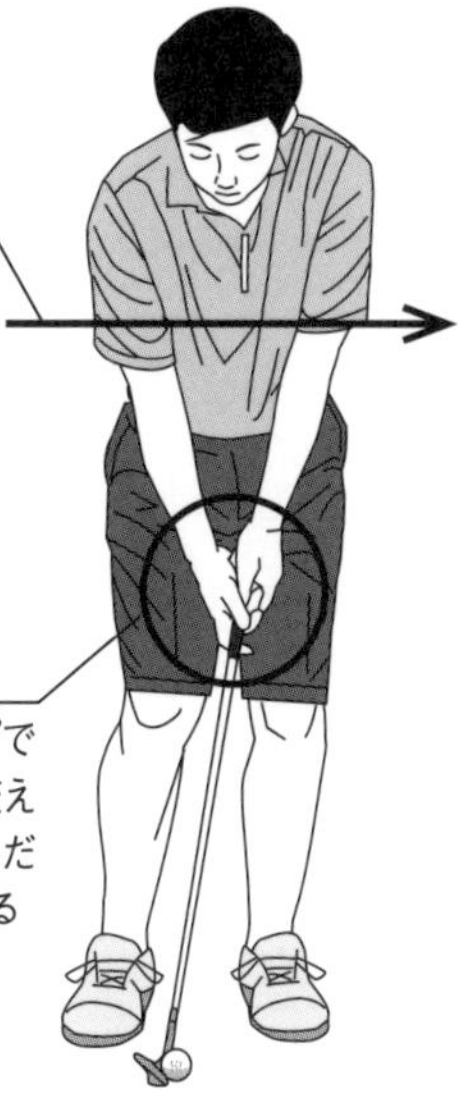

POINT
力みのないグリップでフェースの向きを変えずに手もとの位置だけを自然に移動する

NG

ボールを右足寄りに置きストロンググリップ

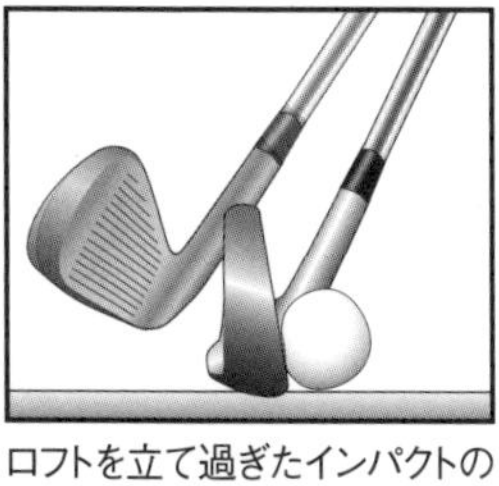

ロフトを立て過ぎたインパクトのイメージを持たないことが大切

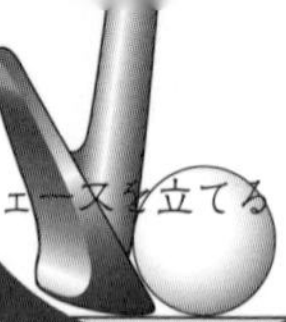

Shut Face

フェースを立てる

低い弾道で「ラインを出したい」なら ハンドファーストのチップショットで打つ!!

チップショットのハンドファーストでも、普通の構えから重心を左にかけたぶん**ロフトが立ったインパクト**になります。フェースが上から入るので、通常のチップショットに比べて、少し押し出すような打球となります。

イメージとしては最初の2バウンドくらいで弾むときに前に伸びてから転がるような弾道になります。低い弾道でインパクトの打感があるため、ラインを出したいときに適したスイングです。

また、**強めのインパクトで順回転のスピン**が若干かかるため、普通に打つとちょっと上がりそうで嫌なイメージがあるときなどにも有効です。

チップショット

フェースにボールを乗せるのでなく立てたフェースで横からボールにぶつけるようなインパクトで順回転がかかりやすい

FOR CHIP SHOT

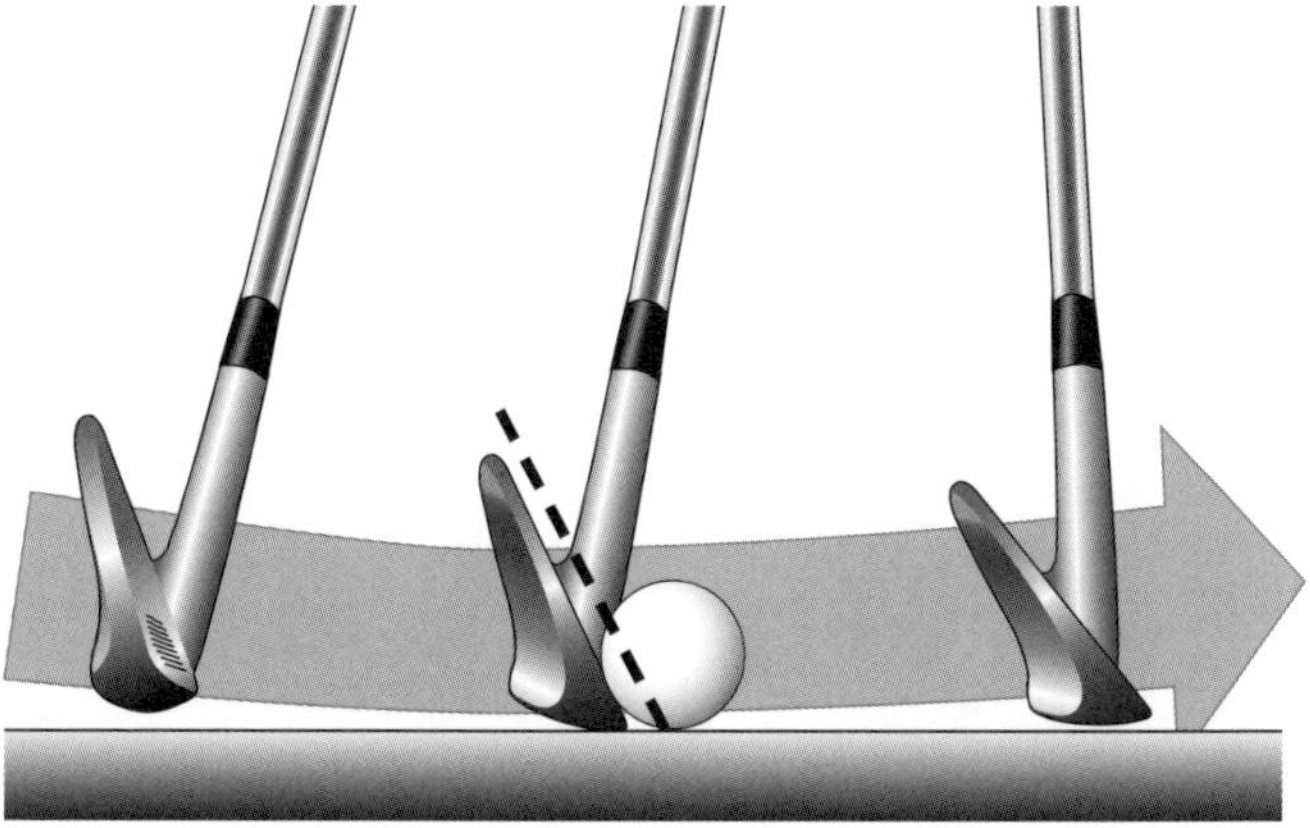

具体的には、ベアグランドでボールの下にエッジを通す隙間がない場面や、ラフでボールが浮いていてフライヤーになってしまいそうな状況などが挙げられます。

通常のロフト

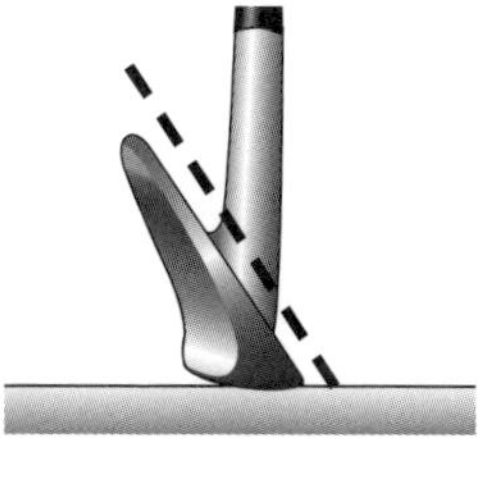

正しいハンドファーストのつくり方

通常のアドレス

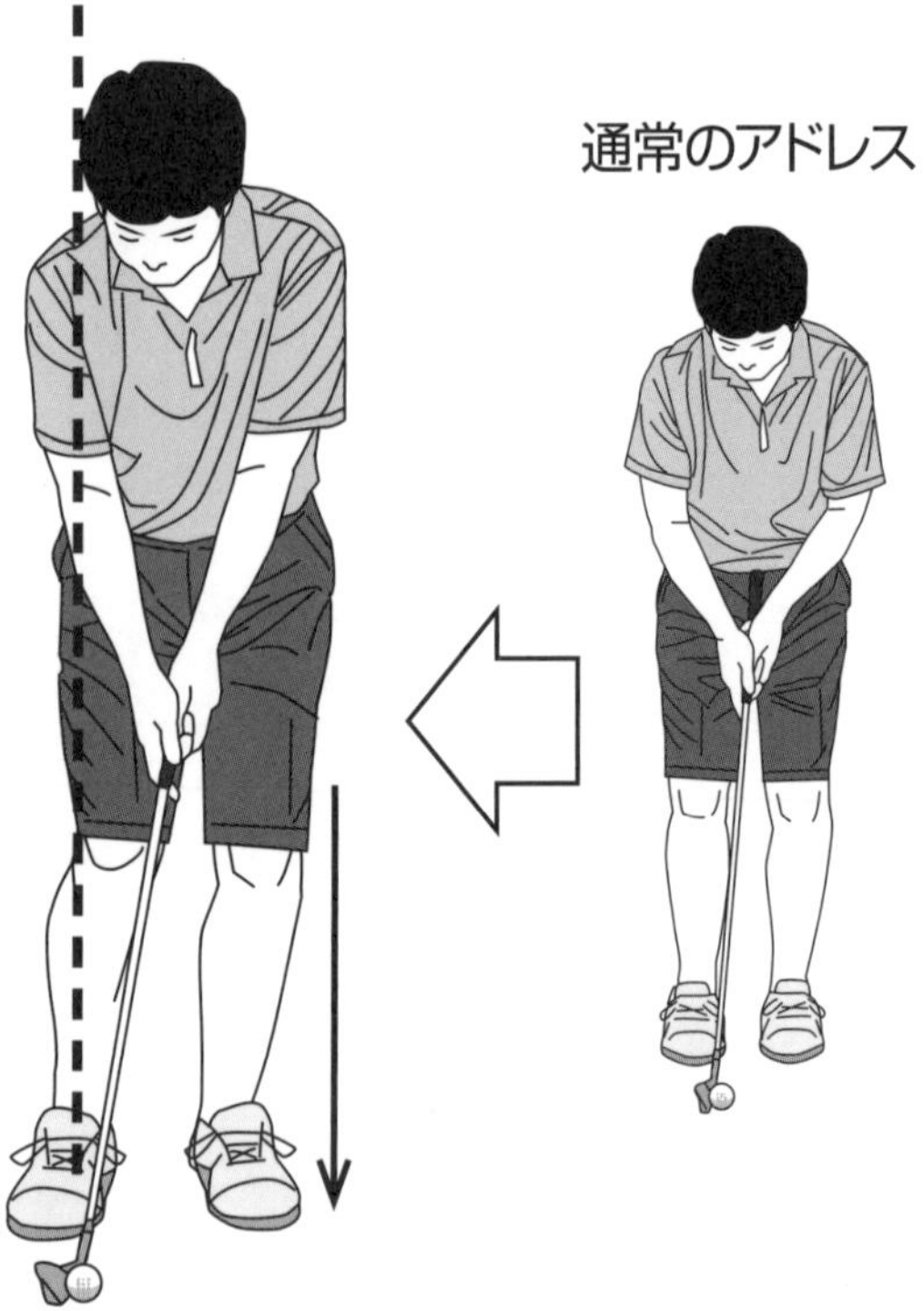

普通に構えたところから
左足に重心を乗せる

チップショット

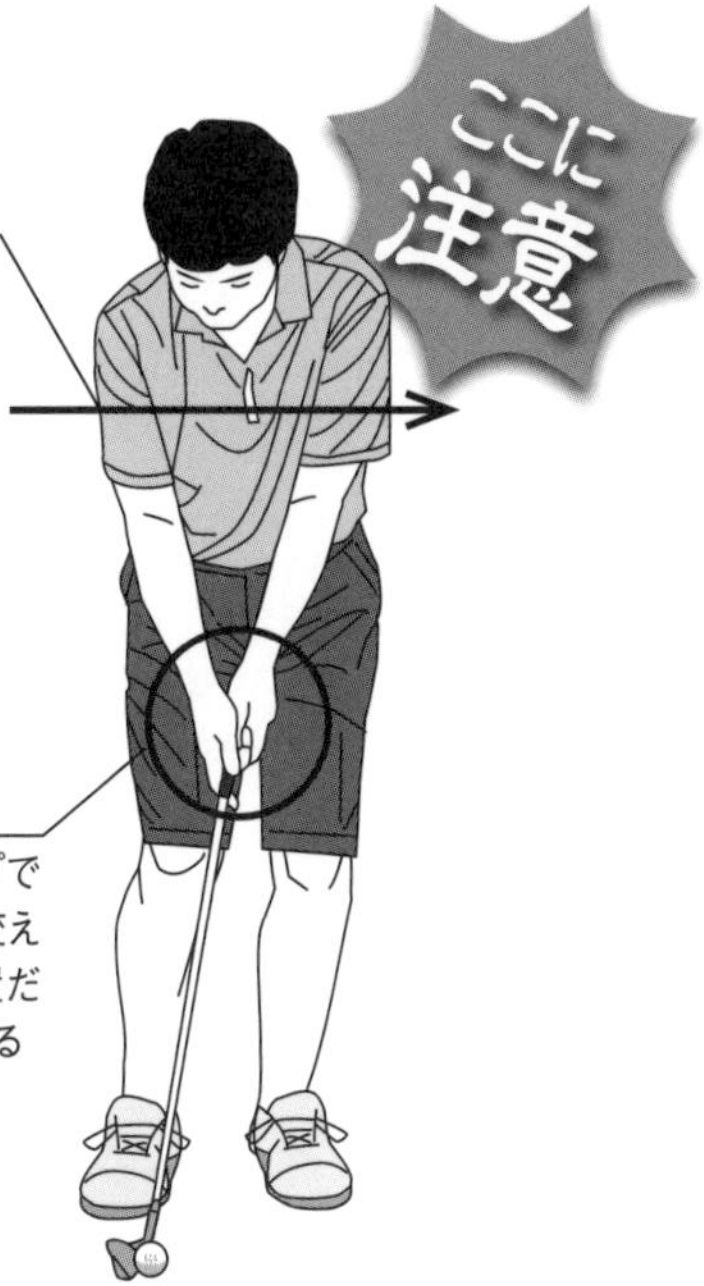

POINT
胸の向きは打ち出し方向にスクエアに保つ

POINT
力みのないグリップでフェースの向きを変えずに手もとの位置だけを自然に移動する

FOR CHIP SHOT

NG 手もとを前にセットするとフェースが開いてダフりやすくなる

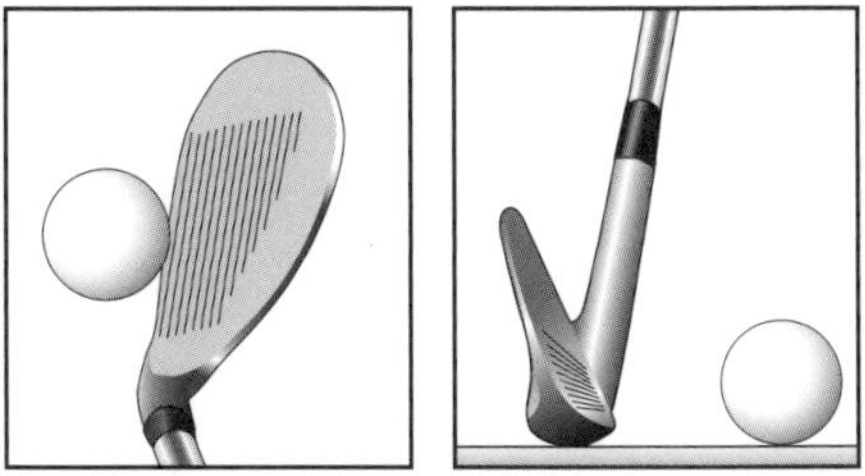

ボールを前に置くとフェースが開き、インパクトはヒール側からとなる。バンスが邪魔となりダフるケースも多い

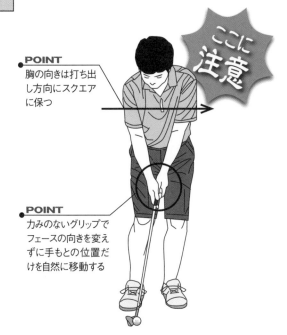

Open Face

OPEN FACE

THE FASTEST WAY TO BE AN APPROACH-EXPERT IS ACQUIRING 4 STANCES.
ALL YOU HAVE TO DO IS JUST CHANGE THE STANCE BUT YOUR SWING.

高く上げてランを出したくないなら **フェースを寝かせたハーフショット**で打つ!!

ボールをより**高く上げたいとき**や、ボールを**あまり飛ばしたくないとき**にフェースを開きます。たとえば、ピンの手前で止めたいときなど、ランを出したくないときに、自分の持っているなかでもっともロフトが寝たクラブでも飛び過ぎてしまうような状況でフェースを寝かせてロフトを増やします。

正しくフェースを寝かすことができればいいのですが、フェースの開き方を勘違いして、「フェースを開く」と聞くとフェースを外側に向けてセットしてしまう人が多いようです。

ハーフショット

「フェースを開く」のでなく「フェースを寝かせる」イメージを持つことが大切

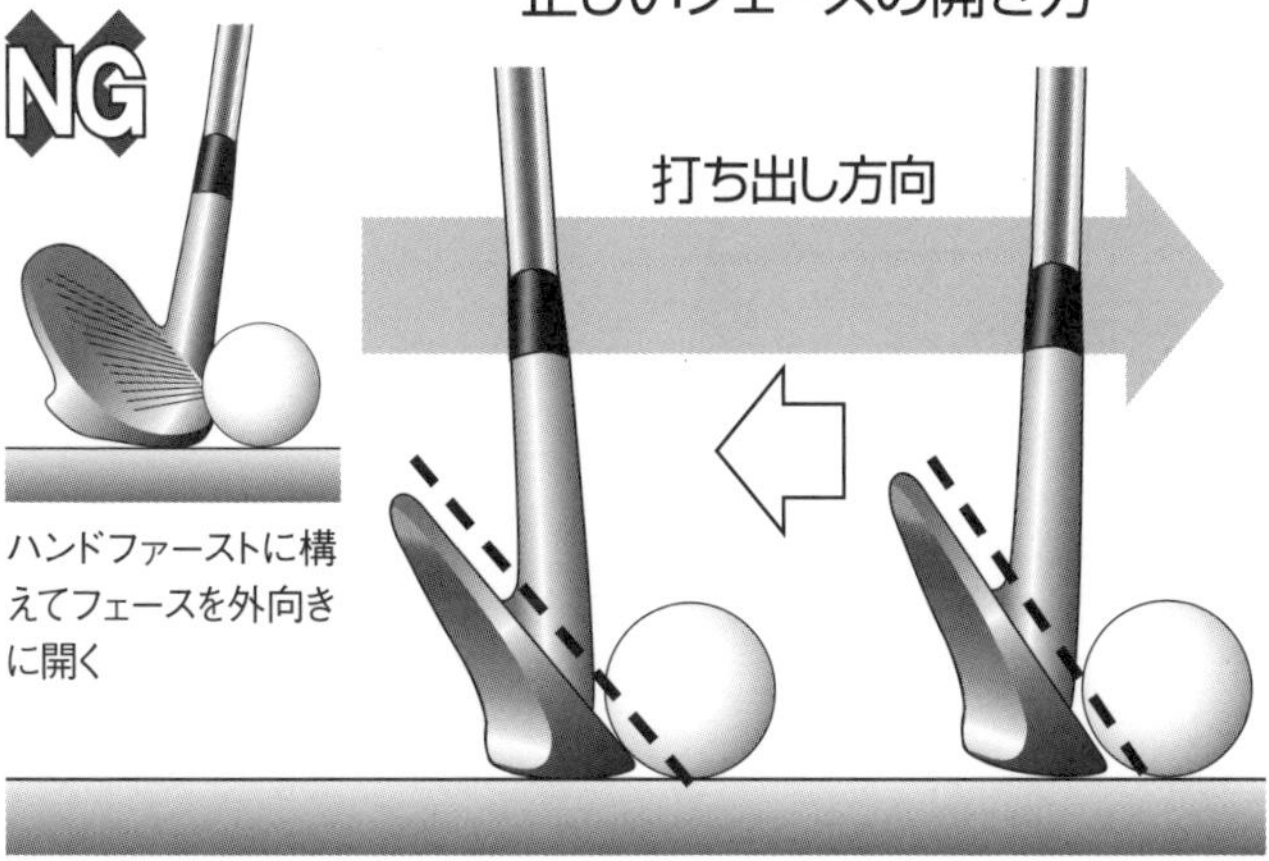

ハンドファーストに構えてフェースを外向きに開く

FOR HALF SHOT

フェースを外向きに開こうとすると、手を前にセットしてボールを右に置きたくなります。そのままスイングすると、かならず「すくい上げ」の動作になってしまいます。

正しい「フェースの寝かせ方」をおぼえて、高く上がってランのでないボールを打てるようになりましょう。

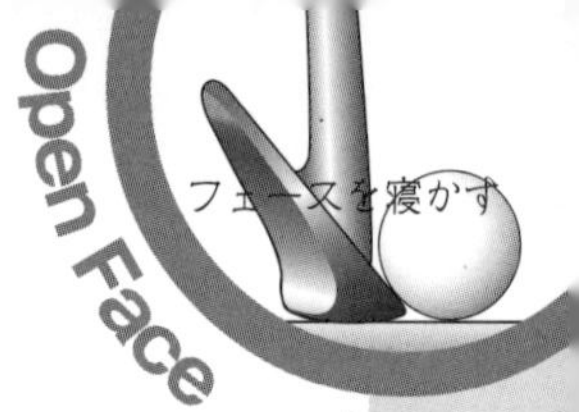

オープンフェースにして 前でインパクトすることで リーディングエッジを通しやすい

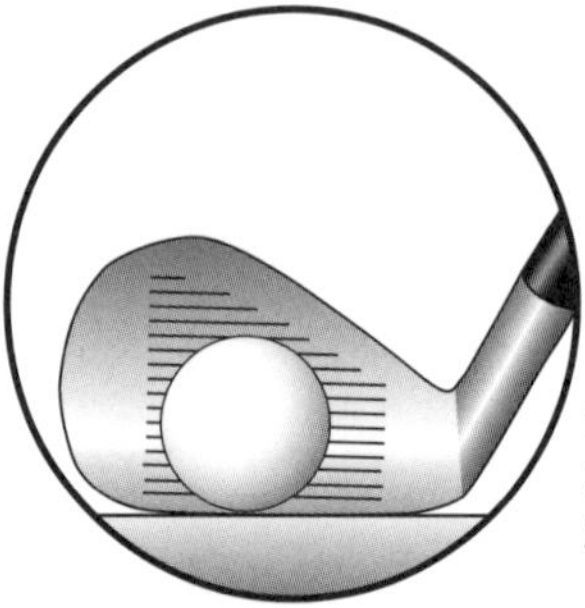

フェースをスクエアにインパクトさせてもバンスが邪魔にならない

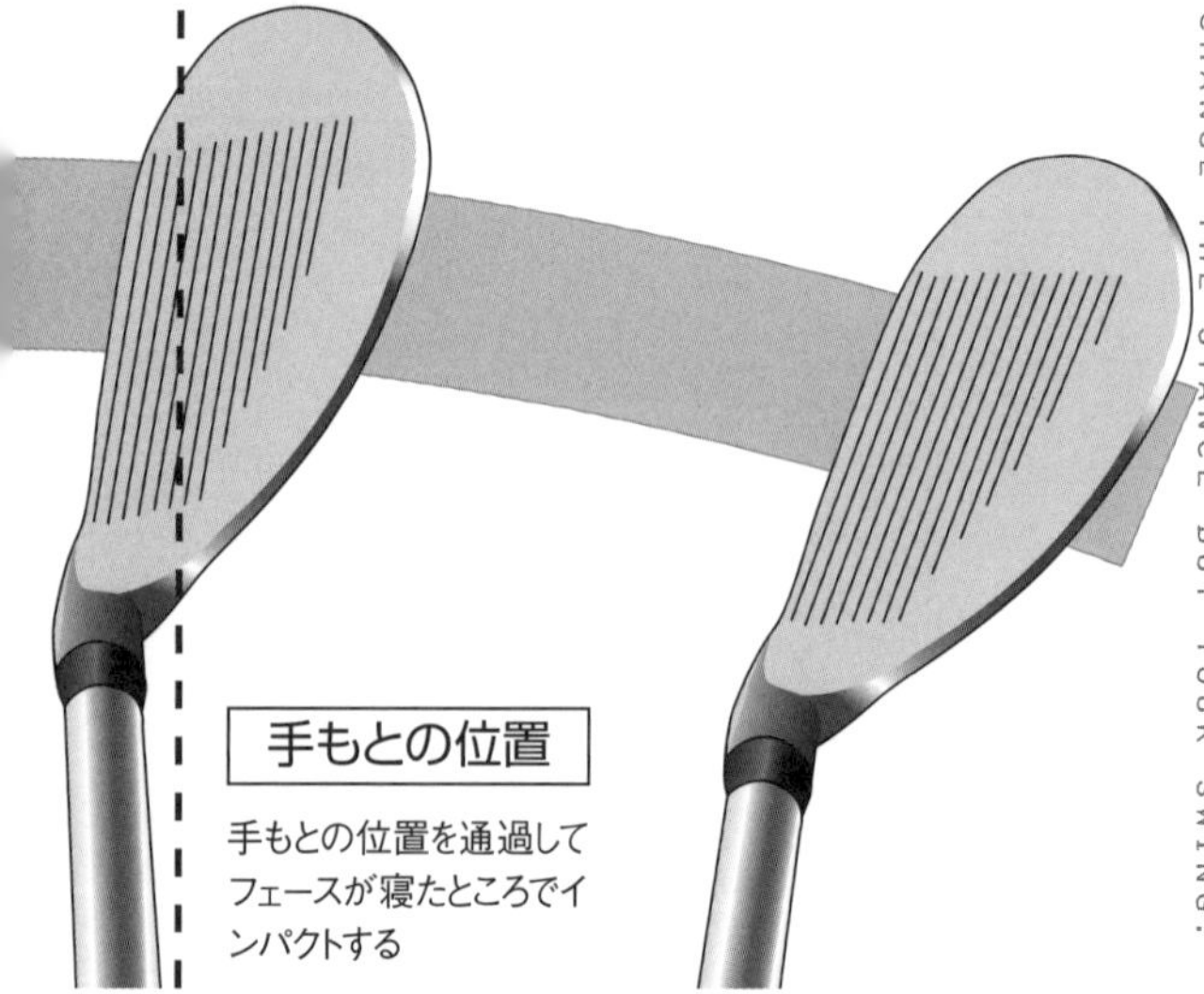

手もとの位置

手もとの位置を通過してフェースが寝たところでインパクトする

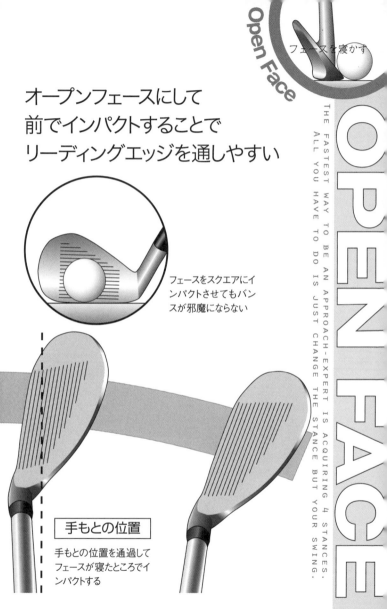

ハーフショット

バンスが邪魔にならないから ダフりやトップが少なくなる

ハンドファーストでフェースを外に開くとバンスが邪魔になってダフりやシャンクの原因となる

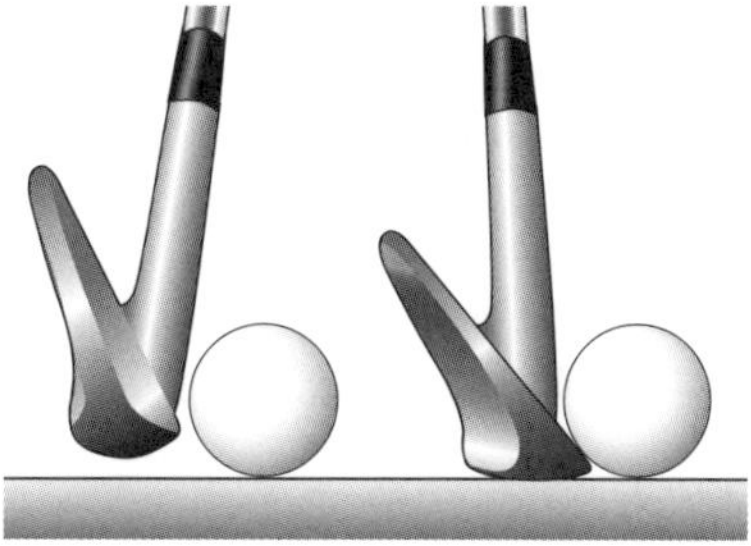

フェースを寝かせているので、ボールの下の隙間が狭くてもリーディングエッジが入りやすくなる

FOR HALF SHOT

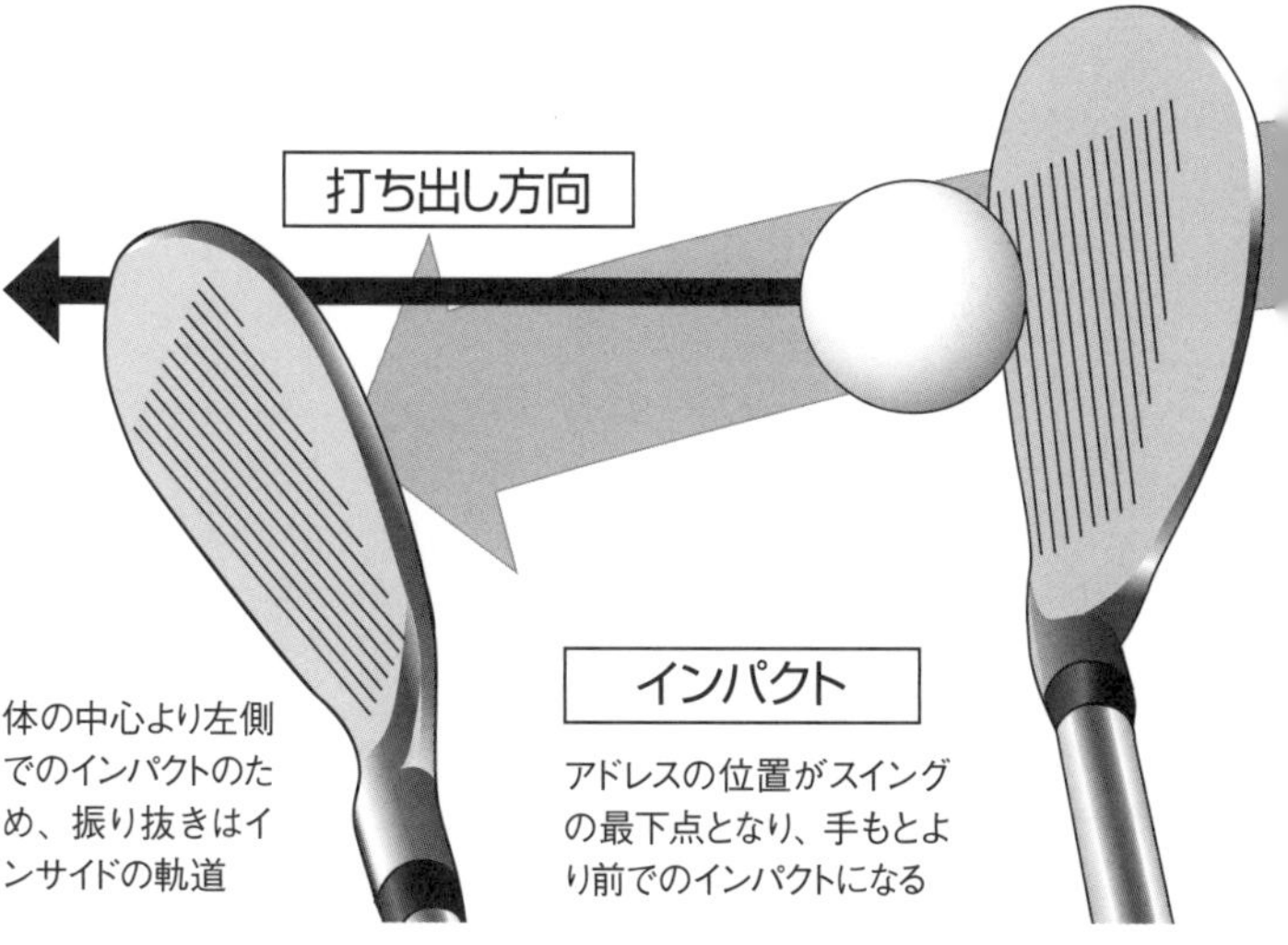

体の中心より左側でのインパクトのため、振り抜きはインサイドの軌道

アドレスの位置がスイングの最下点となり、手もとより前でのインパクトになる

正しいフェースの寝かせ方

通常のアドレス

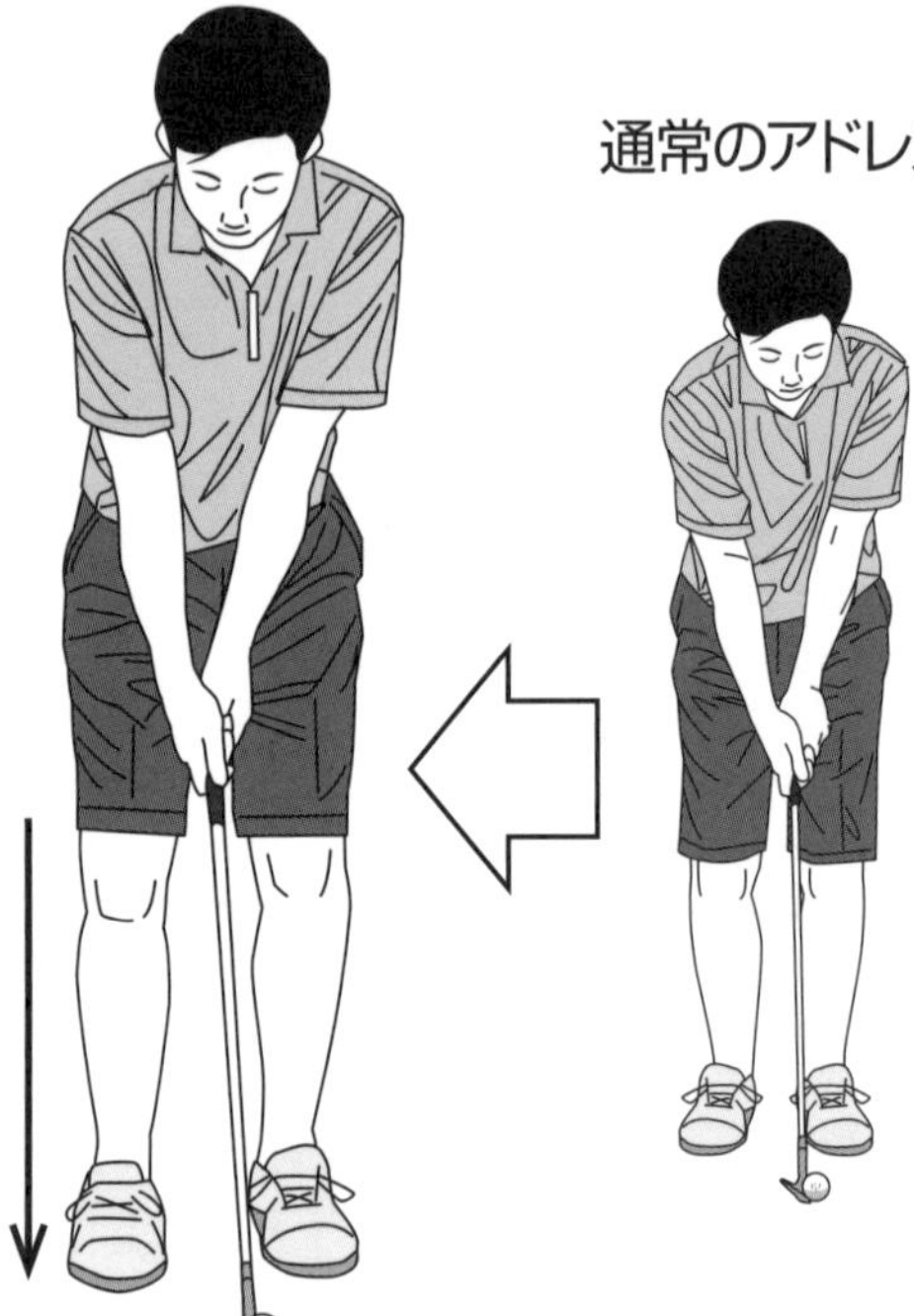

普通のアドレスより
少しボールの近くに立ち
右足に重心を乗せる

ハーフショット

ここに注意

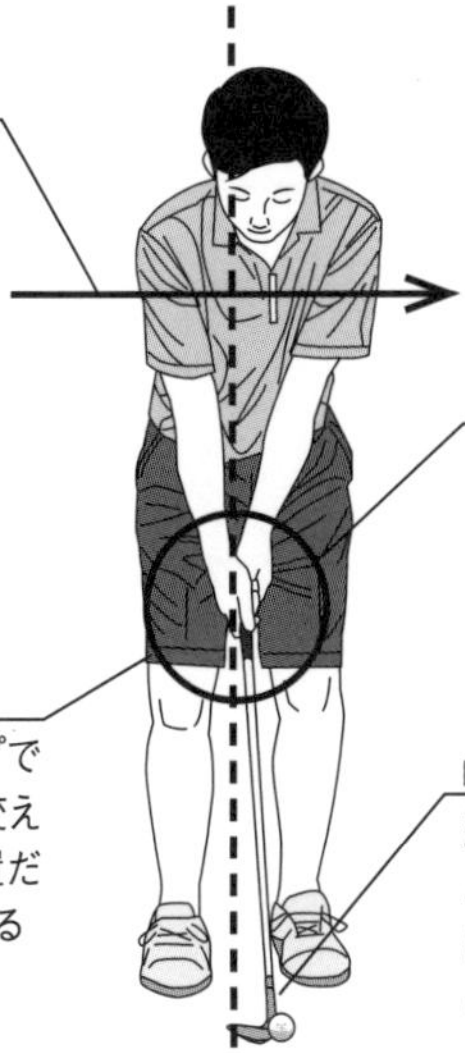

POINT
胸の向きは打ち出し方向にスクエアに保つ

POINT
クラブヘッドより手もとが後方になる

POINT
力みのないグリップでフェースの向きを変えずに手もとの位置だけを自然に移動する

POINT
通常のアドレスよりボールひとつぶん程度近くに立ち、そのぶん手もとを体に近づける

FOR HALF SHOT

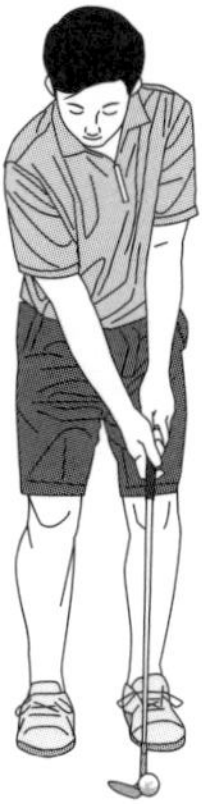

NG ハンドファーストでフェースを開くとシャンクしやすい

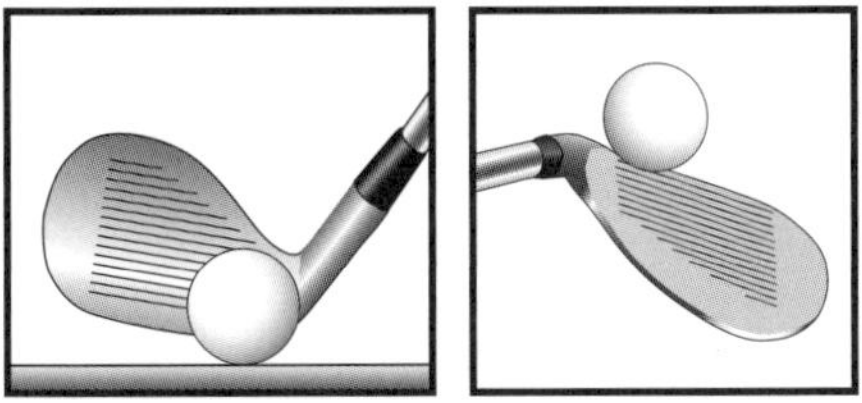

ボールを前に置くとフェースが開き、インパクトに向けてヒール側からクラブが下りる。バンスが邪魔となりダフったり、シャンクしやすくなる

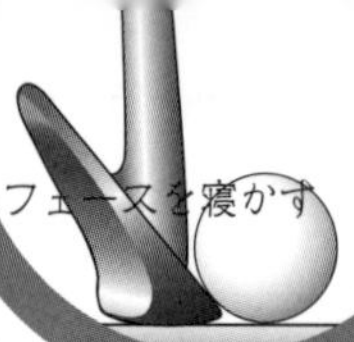

キャリーは要らないが止めたい状況では **フェースを寝かせたチップショット**が有効!!

グリーン周りからのチップショットでも、状況に応じてフェースを寝かせて打った方がいいことがあります。チップショットの場合、ハーフショットほどインパクトが強くなく、クラブも横から入るため、それほど高い球を打てるわけではありませんが、ボールの下にクラブを通すことで、**あまり距離を出さずにランの短い打球を打つ**ことができます。

ちょっとした障害物を越えて、グリーン上であまり転がしたくないような状況で打てると便利なショットです。前ピンの手前で止めたいとき、前ピン

チップショット

ハーフショットとの軌道の違い

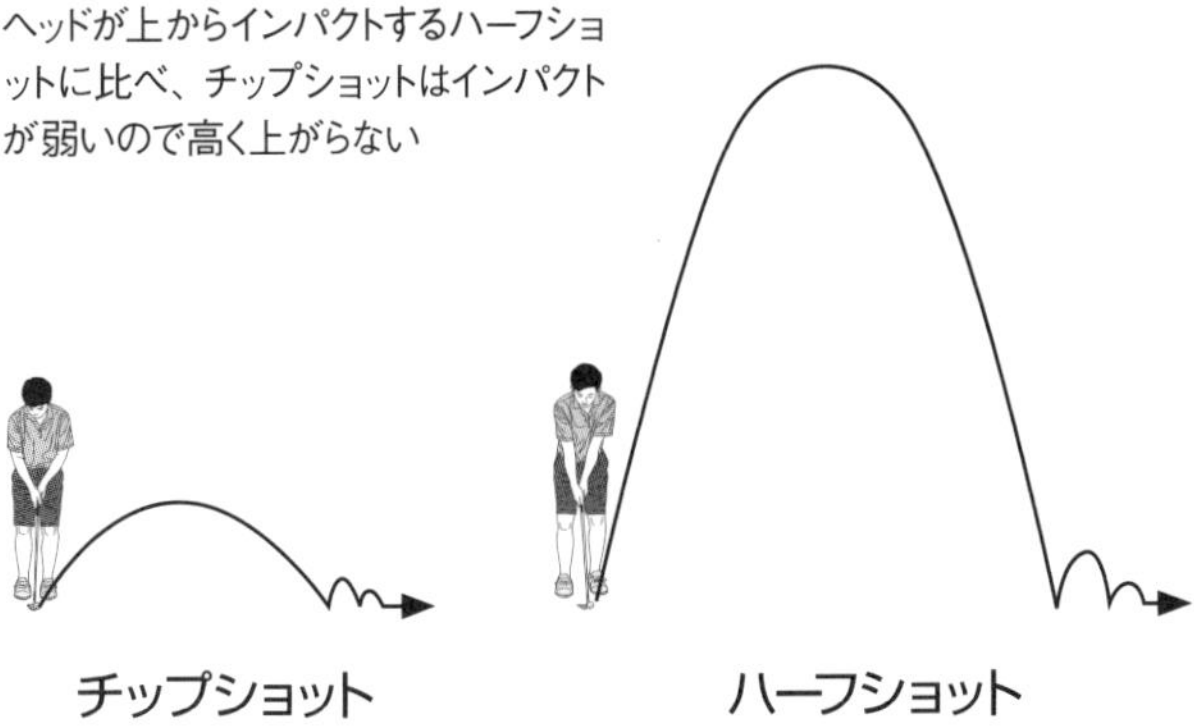

ヘッドが上からインパクトするハーフショットに比べ、チップショットはインパクトが弱いので高く上がらない

の下りのラインなどでカップを大きくオーバーしたくないときなどに有効です。

また、グリーン周りのツマ先下がりやベアグランドなどからのショットでも、**インパクトでトゥ側から入って、ボールを包み込むようにしっかり捕まえることができる**ので安心して打つことができます。

フェースを寝かせたチップショットでは、キャリーはそれほど出ないため、ある程度キャリーで運びたいときはフェースを寝かせたハーフショットなどに切り替えるといいでしょう。

正しいフェースの寝かせ方

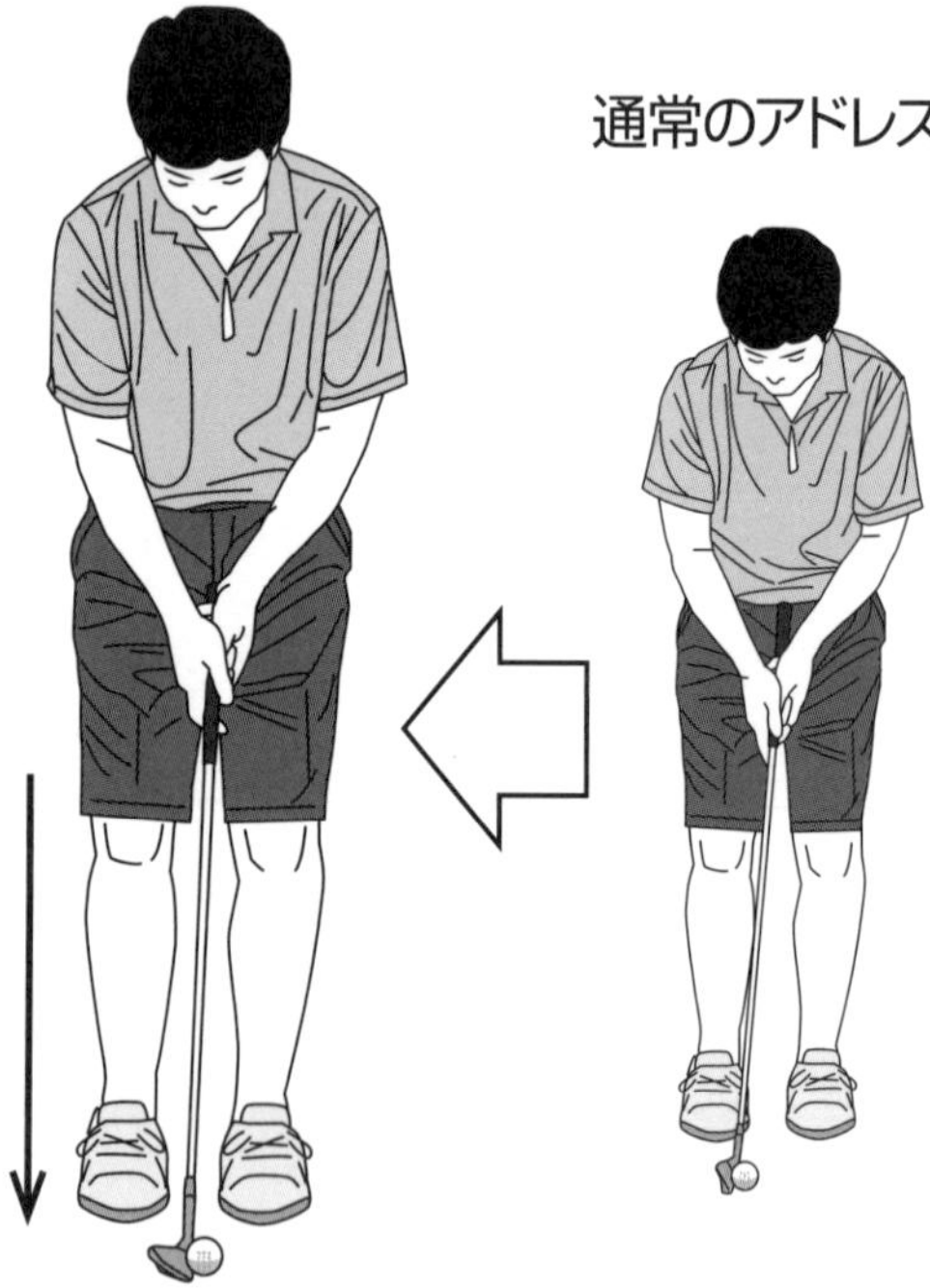

普通よりボールの近くに立ち、
少しヒールを浮かせて
右足に重心を乗せる

チップショット

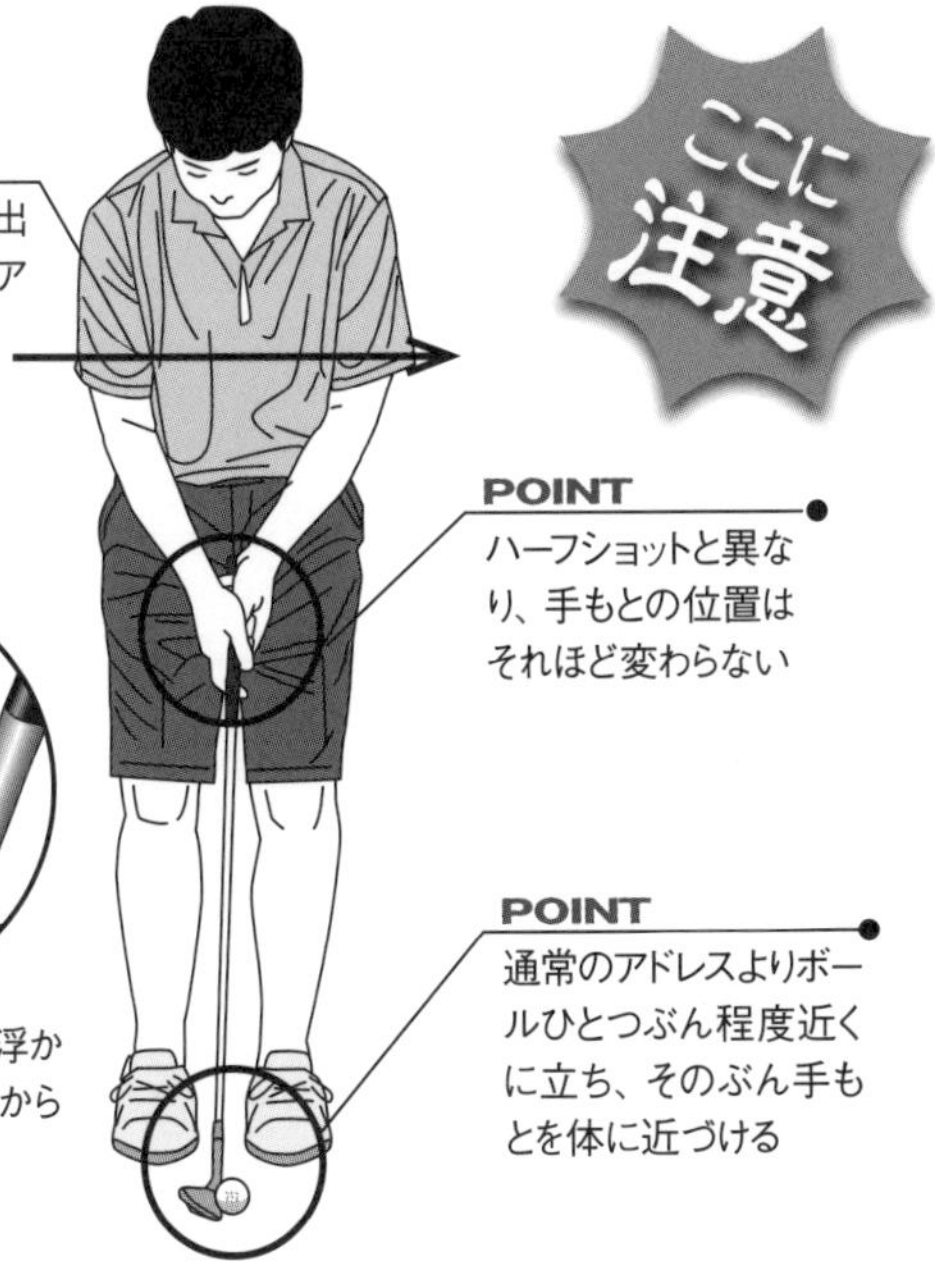

POINT
胸の向きは打ち出し方向にスクエアに保つ

POINT
ハーフショットと異なり、手もとの位置はそれほど変わらない

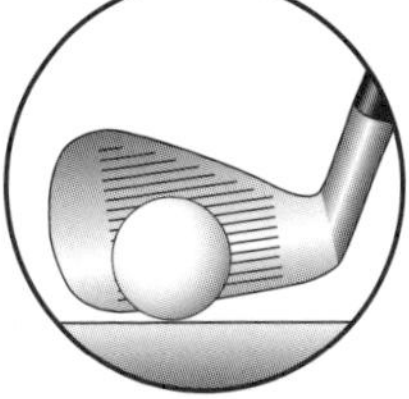

ヒールを少し地面から浮かせ、ボールの下にトゥから入れるイメージ

POINT
通常のアドレスよりボールひとつぶん程度近くに立ち、そのぶん手もとを体に近づける

FOR CHIP SHOT

NG ハンドファーストにするとヘッドアップしやすくなる

ボールを前に置いてフェースを開くとヘッドアップしやすいため、引っかけやトップなどのミスショットの原因となる。手で打ちにいくと上体が突っ込んでダフることもある

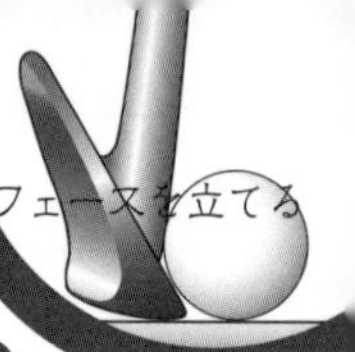

Shut Face

OPEN STANCE

THE FASTEST WAY TO BE AN APPROACH-EXPERT IS ACQUIRING 4 STANCES.
ALL YOU HAVE TO DO IS JUST CHANGE THE STANCE BUT YOUR SWING.

オープンスタンスで打てばフェースが立って イメージ通りの打ち出しラインに乗せやすくなる!!

　ハンドファーストと同様に、フェースを立てるためのもうひとつの方法がオープンスタンスです。オープンスタンスにすることで、インパクトに向けてクラブが上から下の動きでインパクトすることができます。

　オープンスタンスと言っても、目標方向に開くのはスタンスだけです。胸は目標に向かってスクエアに構えて、スクエア方向のスイングを心がけましょう。そうすることで、インパクトに向けてスクエアにクラブが下り、インパクト後はスタンス方向に自然に振り抜くスイングとなります。**フェースが立った状態でボールを捕らえ、インサイドに振り抜くことでボールが捕まり**

ハーフショット

オープンスタンスのスイングは スクエア方向からインサイドに抜ける軌道になる

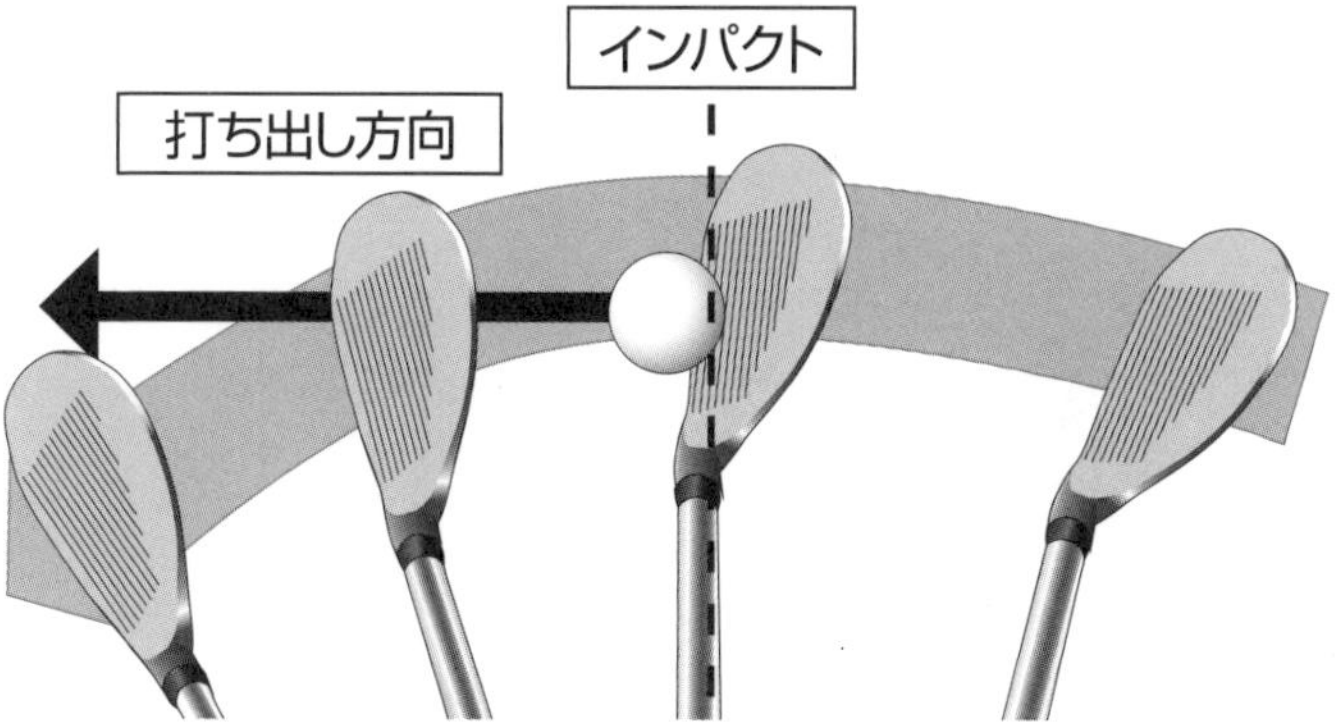

やすくなります。

フェースを立てて上からインパクトすることで、**打ち出しは低く、スピンがかかったボールを打つ**ことができます。ボールの捕まりがよく、ラインを出しやすいため、方向性のよいショットを打つことができます。

オープンスタンスでもっとも多いミスのパターンは体が開いて、インパクトに向けてヒールから出てしまうことです。胸のスクエアを保つように心がけることが大切です。

FOR HALF SHOT

正しいオープンスタンスのつくり方

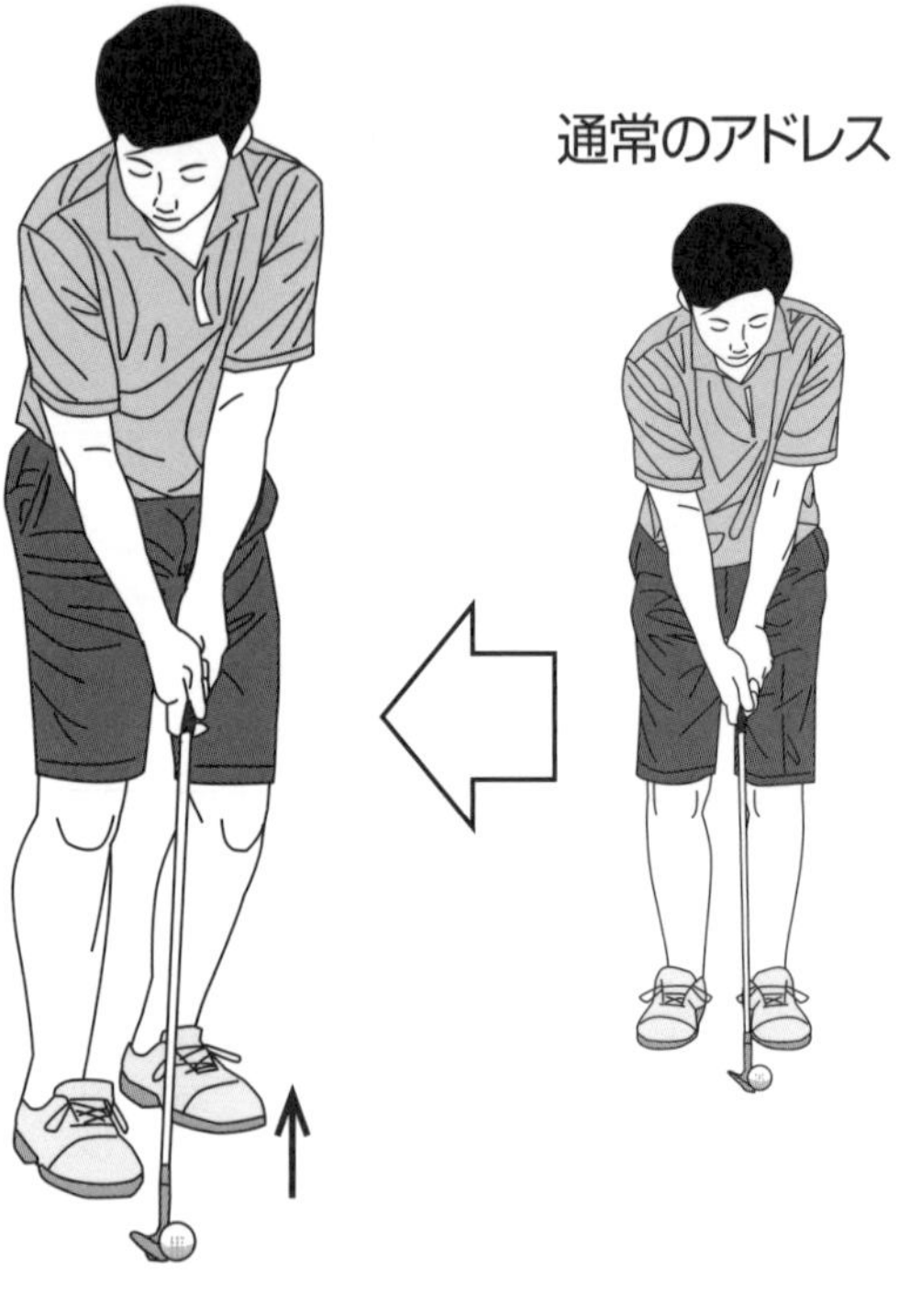

普通のアドレスから
上体の向きを変えずに
左足を後方に引いて立つ

ハーフショット

チップショット

ここに注意

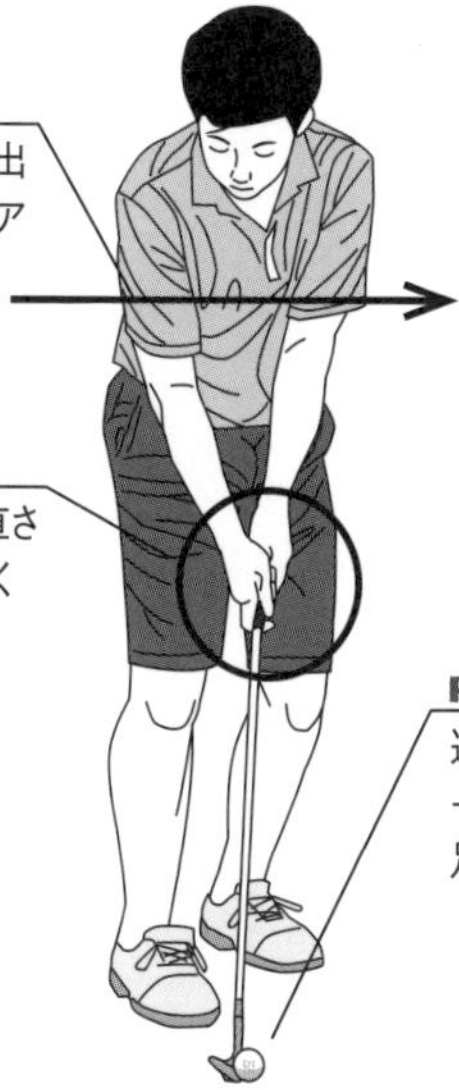

POINT
胸の向きは打ち出し方向にスクエアに保つ

POINT
グリップを握り直さずに足だけを引く

POINT
通常のアドレスからボールの位置を変えずに足だけをまっすぐに引く

FOR HALF SHOT

NG 体が開いてカット軌道になる

胸の向きが開いてしまうと、アウトサイドインのカット軌道になり、ヒール側からボールに入ってしまうのでダフりやシャンクが起こりやすい

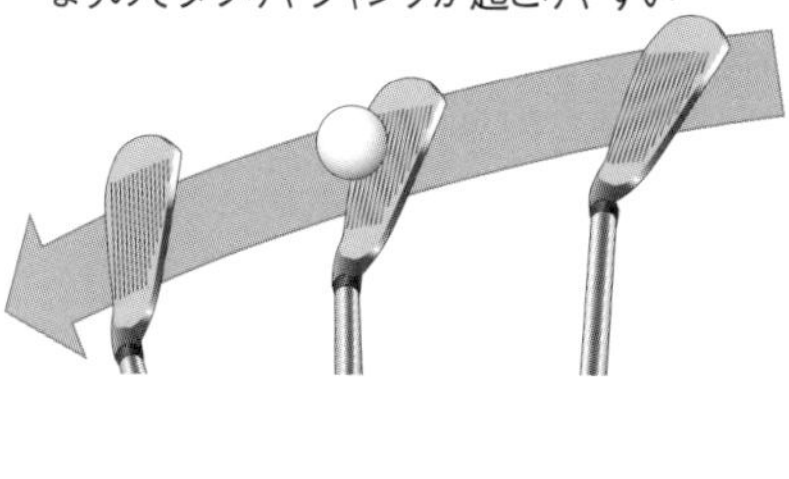

オープンスタンスからの**ハンドファースト**と**オープンフェース**で持ち球の幅がさらに広がる!!

オープンスタンスにしたところで、**左足に重心をかけることで**「**オープンスタンスのハンドファースト**」の姿勢ができ上がります。ハンドファーストにしてハーフショットで打つことで、さらに鋭角なインパクトとなるため、左右均等荷重の**オープンスタンスのときより強く低い打ち出しでスピンのかかった打球**を打つことができます。

それとは逆に、**右足に重心をかけてフェースを寝かせる**ことで、インパクトに向けてトゥ側から入れることができるので、**通常のオープンスタンスよりボールを捕まえやすく**なります。オープンフェースの要領で、ボールを少

ハーフショット

ハンドファーストとオープンフェースで打つ状況例

ハンドファースト	オープンフェース
●木の枝などの障害物に当てずに低い打ち出しで、ランを出さずにしっかり止める ●手前から攻めるときに距離感を維持するためにラインに乗せ、グリーンで数バウンドで止める ●左足上がりのライ	●砲台グリーンで手前にピンがあるときなどで高く上げたところから止める ●グリーン周りのバンカーやクリーク越しに打って、あまりランを出さずに止めたいとき

し近くに置くことで振り抜く意識が強くなります。

一見、フェースを寝かせることで左に行きそうな感じがしますが、手首を使わなければ左には行きません。むしろ、ボールの下にリーディングエッジをすり抜けさせることで、ふわりと上げてあまり転がらないボールを打てます。スピンがそれほどかからずにラインの影響を受けにくいため、身につけておくと意外と役立つアプローチ技術です。

どちらの場合も、ヒール側からボールに入ってしまうとミスが起こりやすくなるので注意しましょう。

正しいオープンスタンスからの
ハンドファーストのつくり方

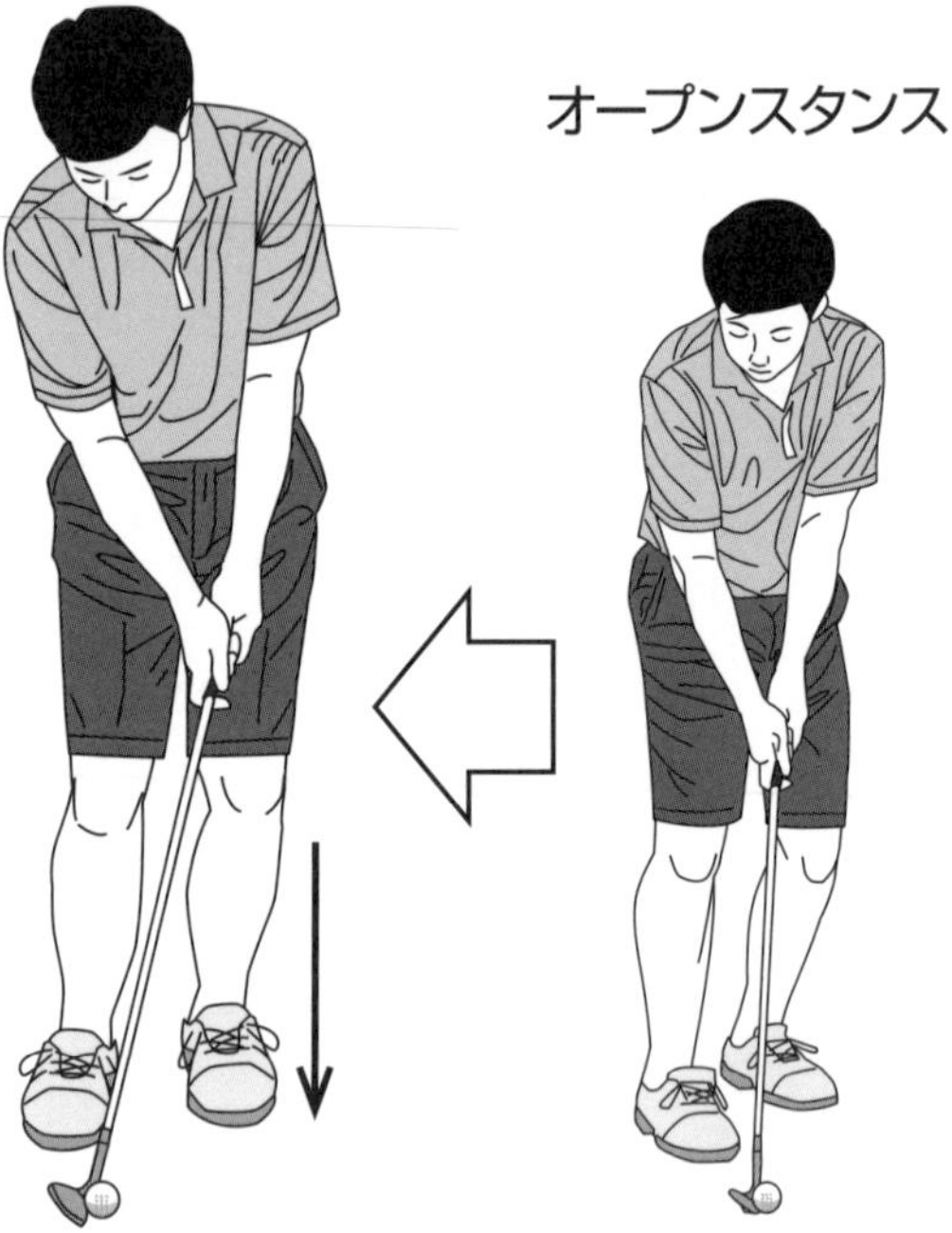

オープンスタンスを
つくったところから
左足に重心を乗せる

ハーフショット

チップショット

ここに注意

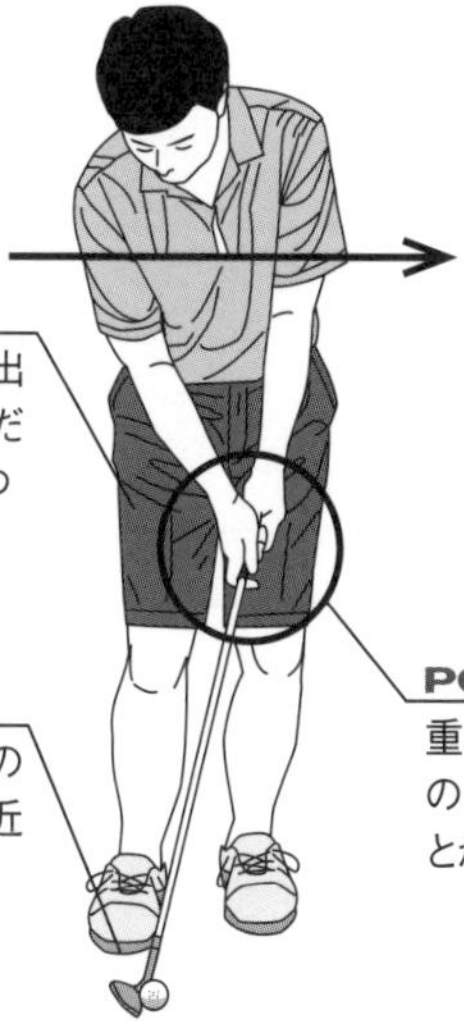

POINT
胸の向きを打ち出し方向にできるだけスクエアに保つ

POINT
最初にボールとの距離が少しだけ近くなるように立つ

POINT
重心の乗っている左足のつけ根あたりに手もとが近づく

FOR CHIP SHOT

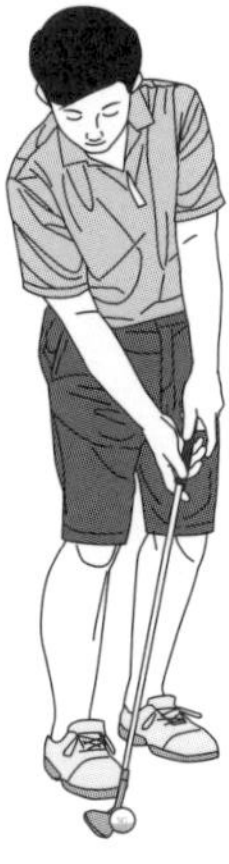

NG 右肩が落ちると手打ちやカット軌道になる

右肩が落ちると手打ちになるため、スイングの軌道が安定せずにダフりやトップになりやすい。それを避けようとして体が開いてしまうと、アウトサイドインのカット軌道になって、ヒール側からボールに入ってしまうのでダフりやシャンクの原因となる

Shut Face

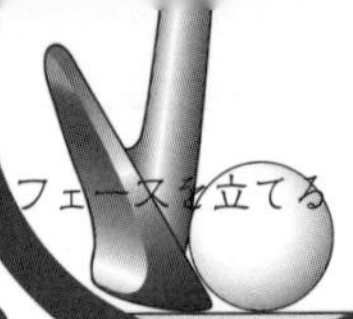

オープンスタンスのチップショットを使って低い打ち出しでランの出ないボールを打とう!!

チップショットでも、オープンスタンスにすることで、フェースが立って**ラインを出しやすく**なります。アドレスの姿勢はハーフショットのときとほぼ同じ（92ページ参照）になります。

オープンスタンスで打つため、ヘッドの軌道はインパクトまではスクエア、インパクト後にインサイドに抜ける軌道となります。ハーフショットが少し上からインパクトするのに対して、チップショットは横から打つため、ボールを横からパチンとはじくようなボールになります。

チップショット

オープンスタンスのチップショットのインパクト

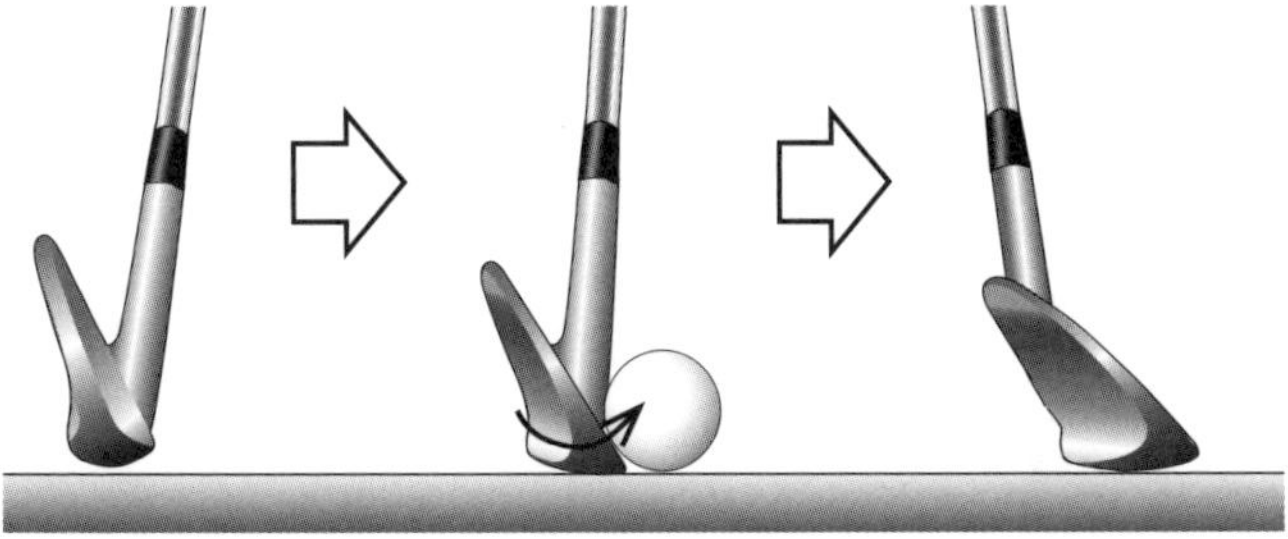

ハーフショットより横からクラブが入る

フェースが立ってボールをはじくようにインパクト

低い打ち出しでボールの捕まりがいい

ハーフショットほどインパクトが強くないので、スピンはそれほど強くはなりませんが、**比較的ランの出ないボール**を打つことができます。

それほどキャリーの出るショットではないため、使用するのはグリーン周りに限定されますが、ピンが比較的手前に切ってあったり、下りのフックラインなどで、あまりラインの影響を受けたくないときなどに有効なショットです。

下りのスライスラインのときは流れやすくなるので別の打ち方を選択する必要があります。

アプローチではスタンスを狭くする **小さな振り幅**でも「**小さな体重移動**」で打つ!!

「**オープンスタンスのハンドファースト**」の姿勢（96ページ参照）からのチップショットでは、通常のオープンスタンスのときより**少し押し出すようなインパクト**になります。通常のオープンスタンスのときよりフェースが立ったぶんだけ、強めの低い打ち出しでスピンが多少かかっているので、**ランを抑えた打球**を打つことができます。

アドレスは、通常のオープンスタンスとほぼ同じです。インサイドから振り下ろすため、インパクトまでの姿勢が少し窮屈になりますが、スクエアなスイングを意識してしっかり振り抜くことが大切です。転がす意識が強くな

チップショット

ハンドファーストとオープンフェースで打つ状況例

ハンドファースト	オープンフェース
●グリーン周りからのランニングアプローチで、低い打ち出しであまり転がしたくない ●グリーン周りからのランニングアプローチで、フックラインの影響を受けずに転がしたい	●グリーン周りからのアプローチで、ふわっと上げてランを出したくない ●グリーン周りからのアプローチで、ピンが手前にある上りのライン ●グリーンが下りの速いラインで大きくオーバーしたくない

って手で当てにいったり、ヘッドアップして右肩が落ちてしまうと正しくインパクトできなくなるので注意しましょう。

それとは逆に、**右足に重心をかけてフェースを寝かせることで、ふわりと低く上げて少しランを抑えた打球**を打つことができます。ボールが捕まりにくい印象があるかも知れませんが、フェースを寝かせたぶんだけ、ボールの下にリーディングエッジを入れやすくなります。

このときも、アドレスの姿勢は通常のオープンスタンスとほぼ同じです。

FOR CHIP SHOT

CLOSED STANCE

THE FASTEST WAY TO BE AN APPROACH-EXPERT IS ACQUIRING 4 STANCES.
ALL YOU HAVE TO DO IS JUST CHANGE THE STANCE BUT YOUR SWING.

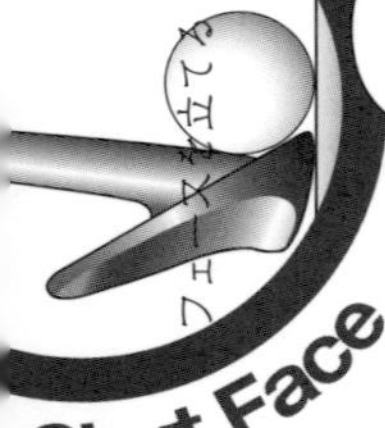

Shut Face

クローズスタンスはボールの捕まりがよく ボールに**順回転**がかかるので**ランが出る**!!

強めのインパクトからの**低い打ち出しでランが出るのがクローズスタンスの特徴**です。クローズスタンスにすることで、スイングはインサイドから下りてスクエアにボールにインパクトする軌道になります。

体の左側に大きく振り抜けないため、インパクトでフェースが返り、フェースが立ったインパクトになります。ボールを包み込むようにフェースが返ってインパクトを迎えるので、ボールの捕まりがよく、ボールをはじくようなインパクトになるため通常のショットよりも強めの打球になります。

ハーフショット

クローズスタンスのスイング軌道

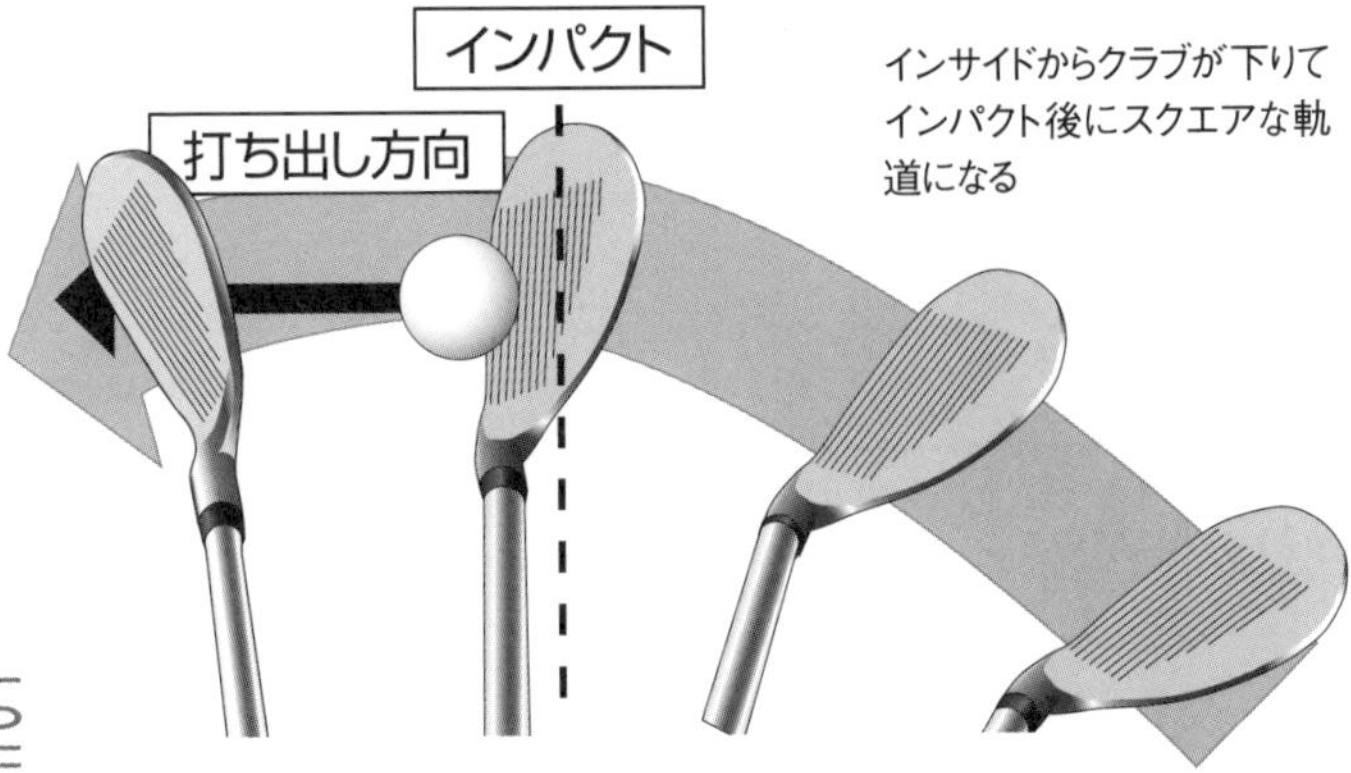

FOR HALF SHOT

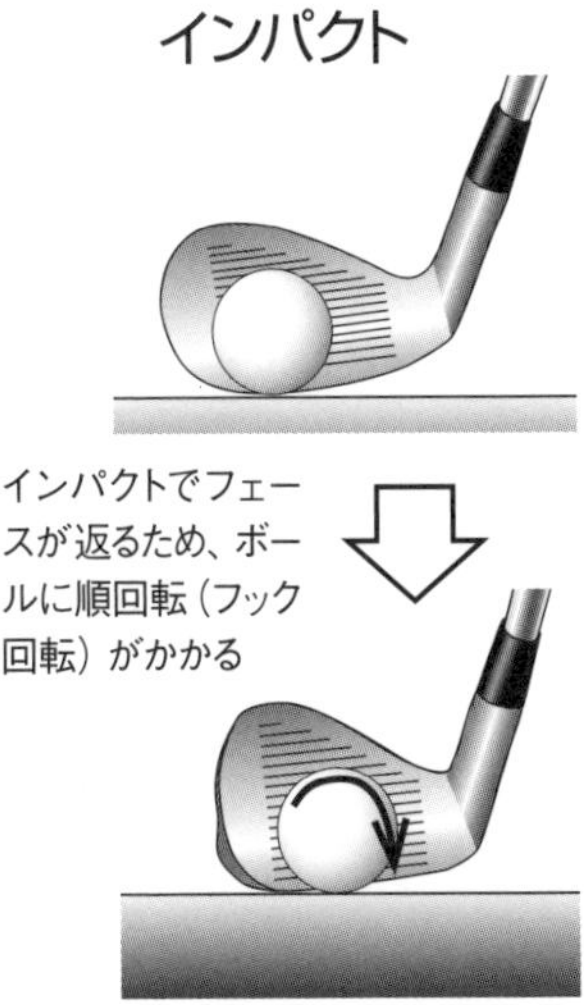

インパクトでフェースが返るため、ボールに順回転（フック回転）が加わり、ランで転がる打球になります。ボールはフック回転がかかっているため、グリーン上の**スライスラインの影響を受けにくい一方、フックラインでは大きく流れてしまいやすい特徴**があります。

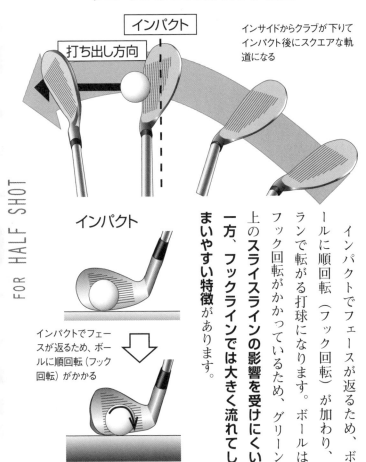

正しいクローズスタンスのつくり方

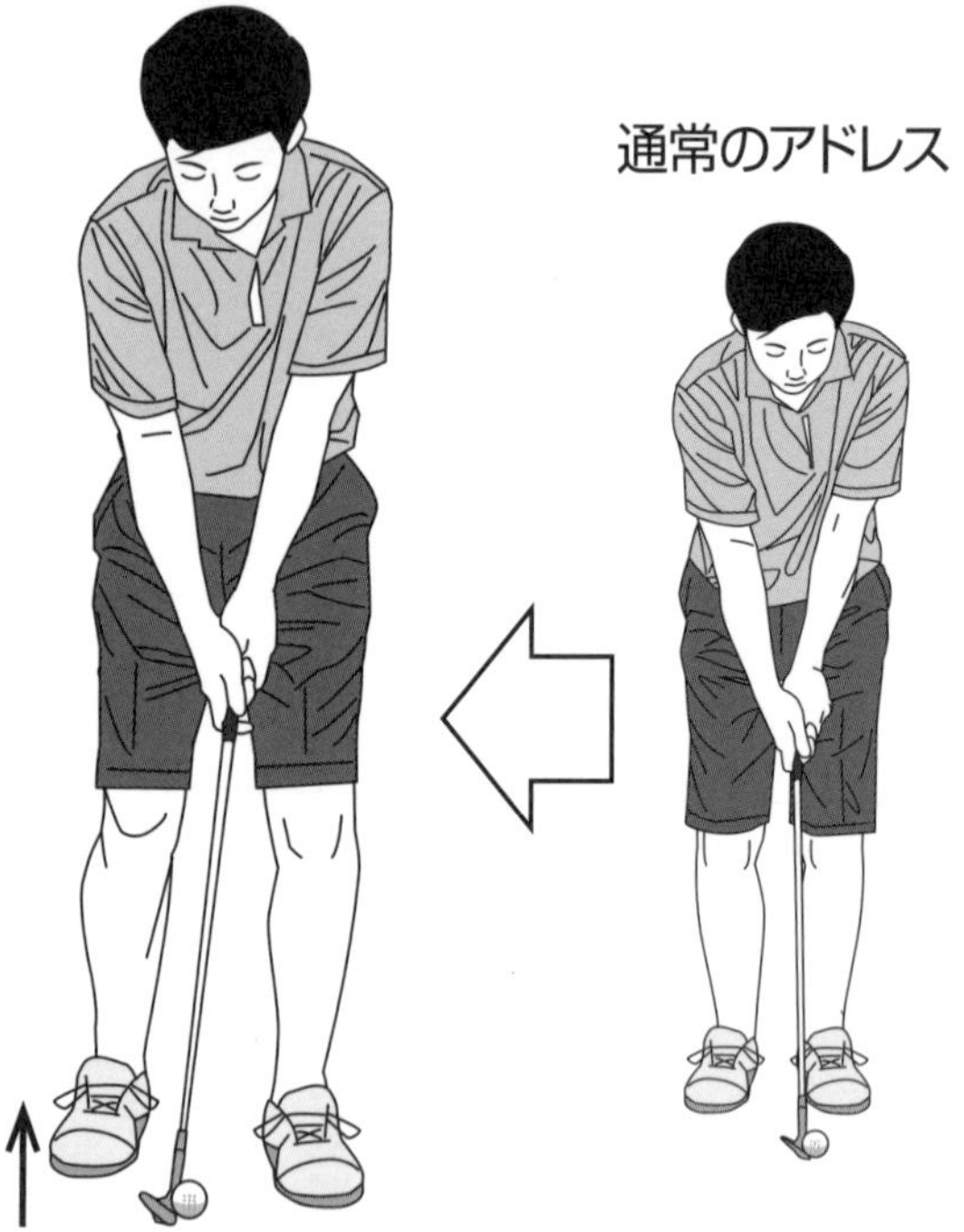

普通のスタンスから
上体の向きを変えずに
右足を後方に引いて立つ

ハーフショット

チップショット

ここに注意

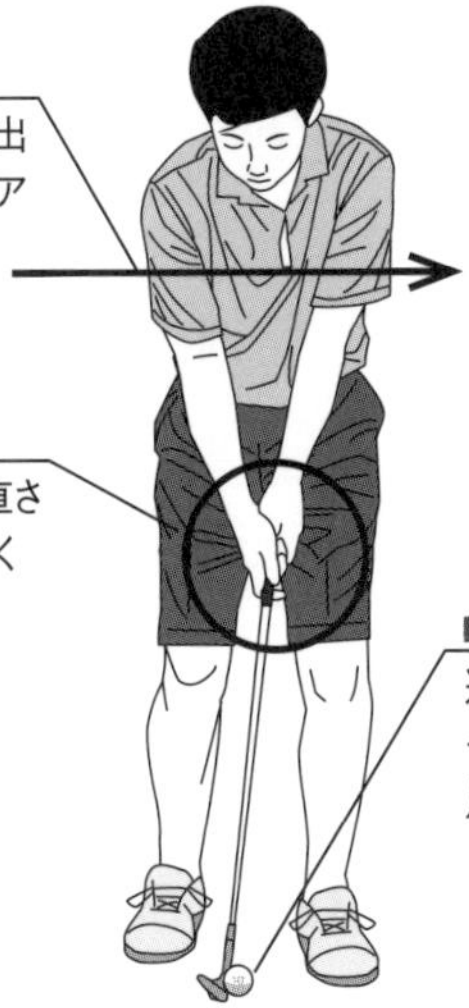

POINT
胸の向きは打ち出し方向にスクエアに保つ

POINT
グリップを握り直さずに足だけを引く

POINT
通常のアドレスからボールの位置を変えずに足だけをまっすぐに引く

FOR HALF SHOT

NG 右肩が落ちて上体が開く

右肩が落ちると上体が開いて、下に打ち込むスイングになりやすい。インサイドアウトの軌道でヒール側からボールに入ってミスが起こりやすい

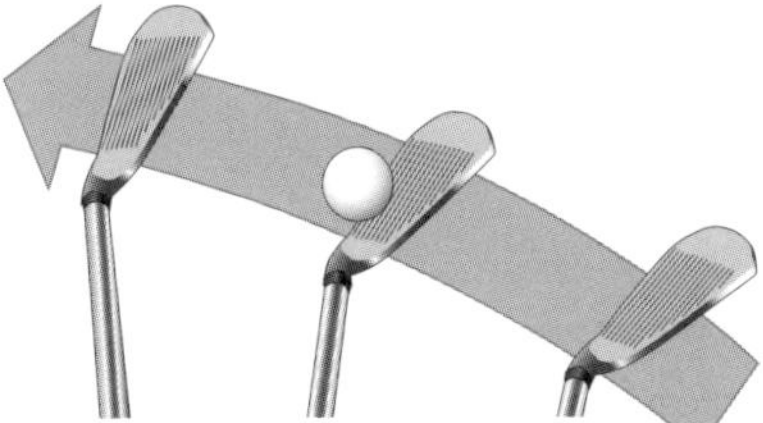

正しいクローズスタンスからの
ハンドファーストのつくり方

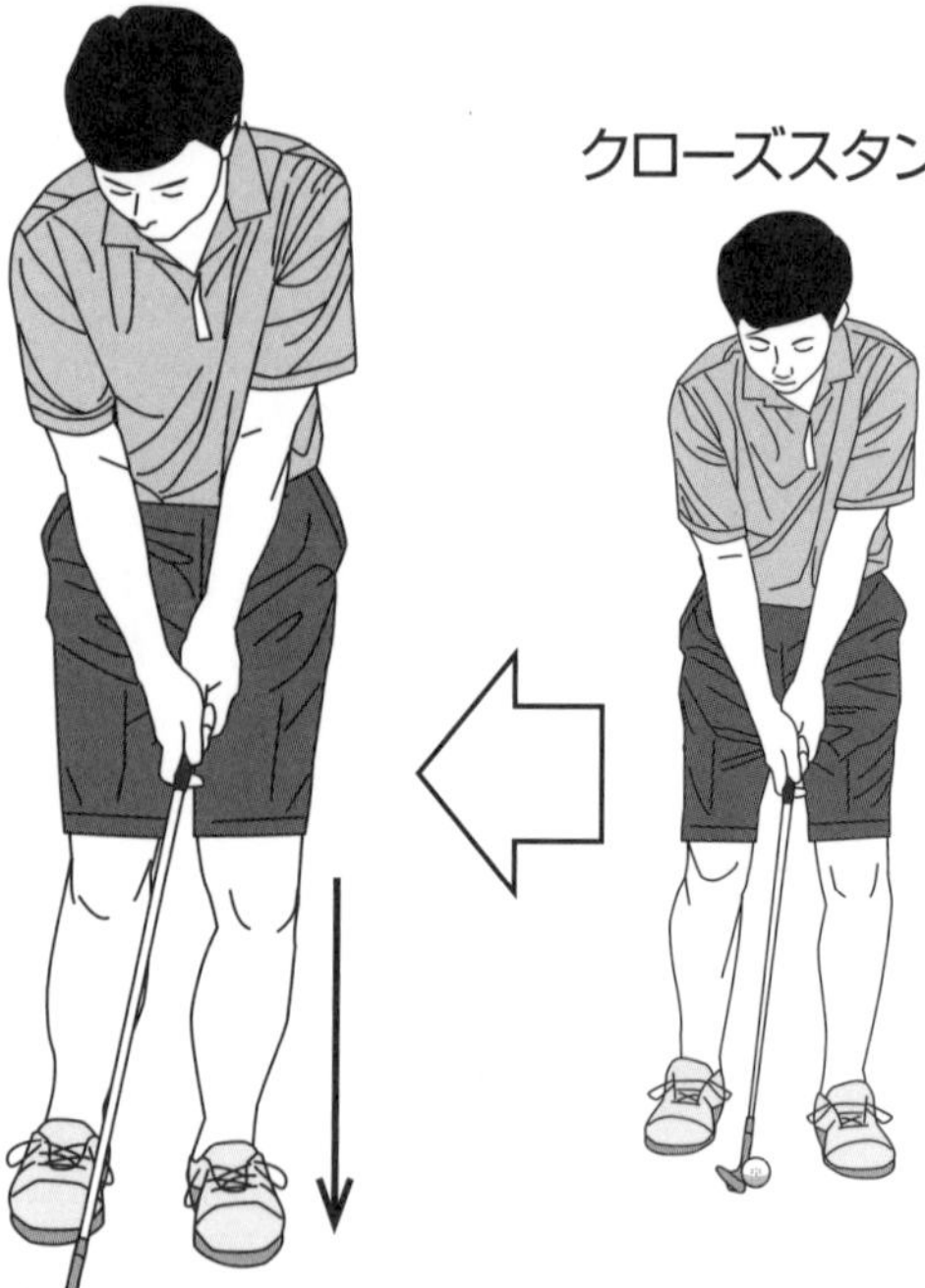

クローズスタンスを
つくったところから
左足に重心を乗せる

ハーフショット

チップショット

ここに注意

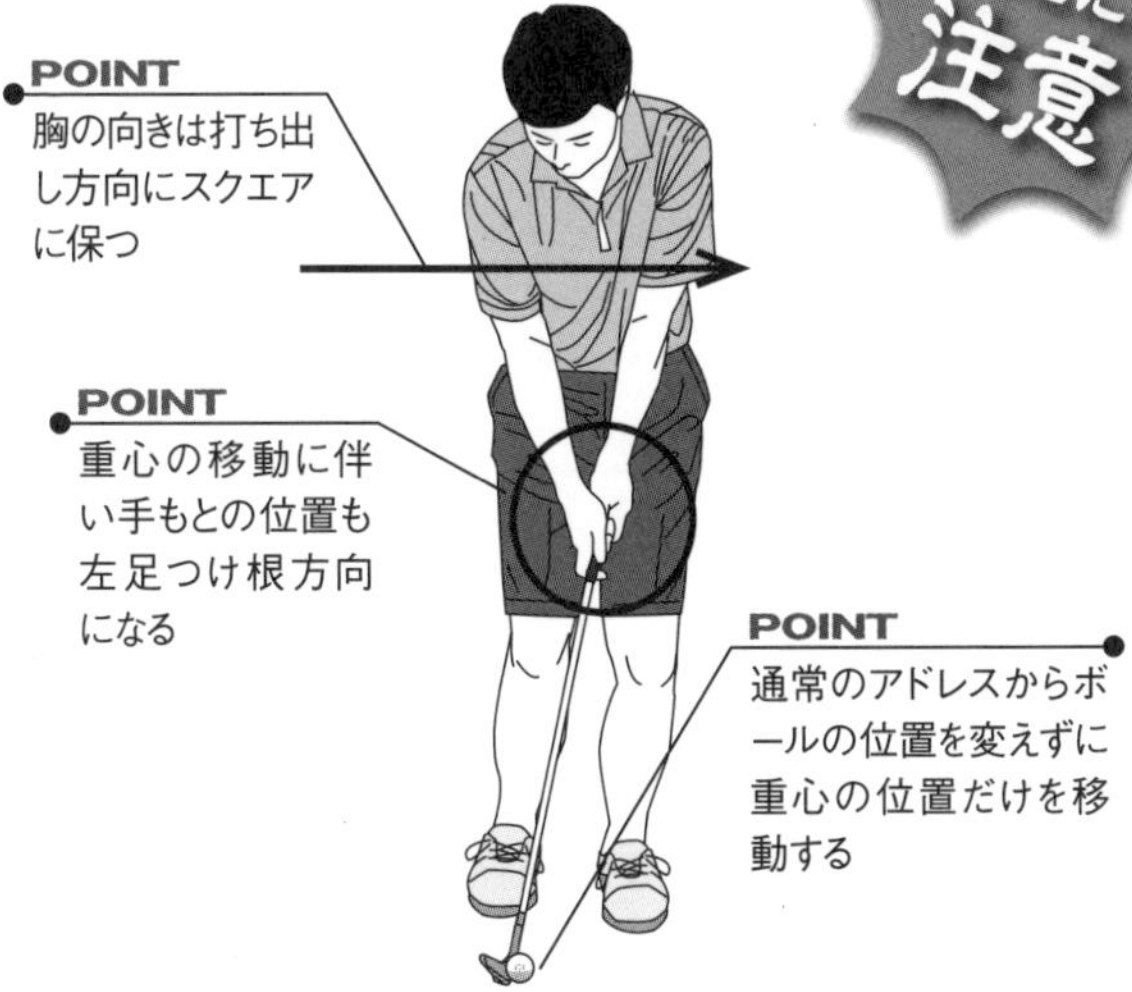
POINT
胸の向きは打ち出し方向にスクエアに保つ
POINT
重心の移動に伴い手もとの位置も左足つけ根方向になる
POINT
通常のアドレスからボールの位置を変えずに重心の位置だけを移動する

FOR CHIP SHOT

NG ボールを後方から見ると右肩が落ちる

ボールを後方から見て右肩が落ちると上体も開きやすくなる。ハンドファーストでフェースを立てようとする一方で、フェースが外向きに開きやすく、すくい打ちにもなりやすい。

Shut Face

クローズスタンスのチップショットはグリーン上でスライスラインの影響を受けにくい!!

インサイドからクラブが下りてスクエアにインパクトするのがクローズスタンスの特徴です。チップショットでもフェースが立ったインパクトになり、大きなフォローがとれないため、**横からパチンと叩くイメージで打つ**といいでしょう。

また、インパクトでボールを包み込むようにフェースが返るので、ボールをしっかり捕まえることができます。**順回転（フック回転）のかかったランが出るボール**を打つことができます。

チップショット

クローズスタンスのチップショットのインパクト

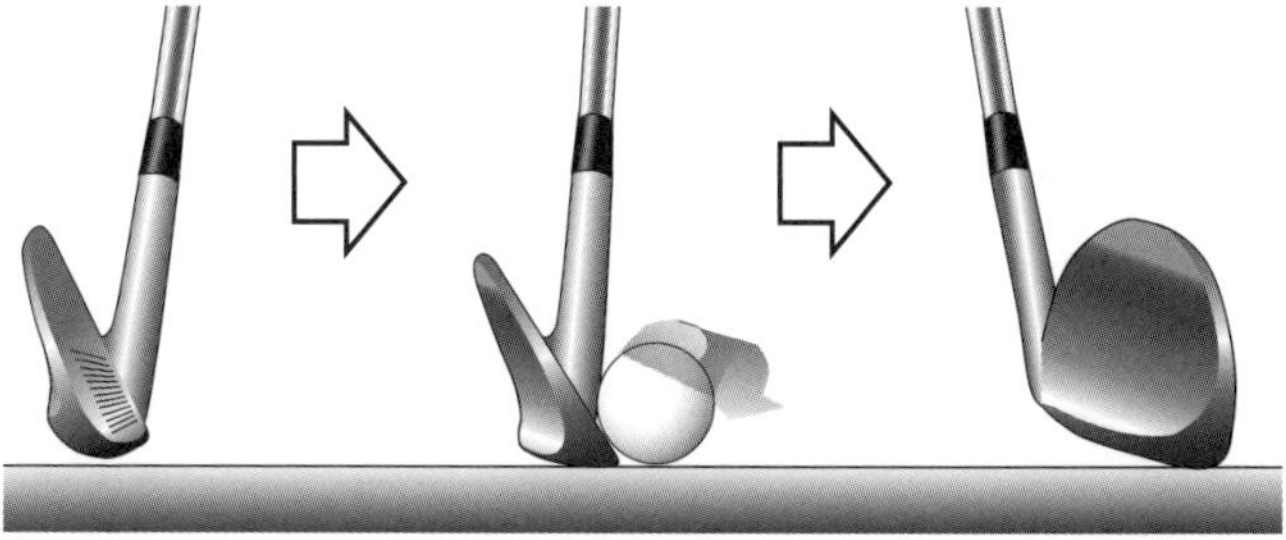

ハーフショットより横からクラブが入る

フェースがかぶりながらインパクト

低い打ち出しでボールに順回転がかかる

FOR CHIP SHOT

チップショットでは**キャリーがほとんど出ない**ため、グリーン周りからのアプローチに限定されますが、ランが出るショットなので、上りのきついグリーンや奥にピンが切ってあるときに使うと有効です。また、グリーン上の**スライスラインの影響を受けたくないとき**などにも適したショットです。

それとは逆に、グリーン上が下りのフックラインになっている場合は傾斜の影響を大きく受けコントロールが難しくなるので注意が必要です。

クローズスタンスから**ハンドファースト**や**オープンフェース**にすることで**ランを調整**する!!

クローズスタンスは、もともとランの出やすいショットです。通常のアドレスから、**ハンドファーストやオープンフェースにすることで、ランの長さを調整する**ことができます。

「**クローズスタンスのハンドファースト**」の姿勢（108ページ参照）からのショットでは、通常のオープンスタンスのときよりさらにインパクトが強くなります。通常のクローズスタンスのときよりフェースが立ったぶんだけ、強く低い打ち出しで順回転（フック回転）のかかった**ランで伸びる打球**を打つことができます。長いランを出したいときにもっとも有効なショットです。

ハーフショット

チップショット

ハンドファーストとオープンフェースで打つ状況例

ハンドファースト	オープンフェース
●グリーンから少し距離のあるランニングアプローチ ●グリーン上のスライスラインの影響をあまり受けずに長く転がしたい ●左足下がりでボールが右に出てしまいそうなときに、しっかり捕まえて打てる	●少し上げたところから少し転がしたいとき ●ランを出したいが、ハンドファーストや通常のクローズスタンスで打つほどは転がしたくないときに、少しランを抑えることができる

ボールが右に出てしまいそうなときに、しっかりボールを捕まえることができるので、左足下がりのライなどにも応用できるショットです。

クローズスタンスから右足に重心をかけて**フェースを寝かせる**ことで、それほど飛距離を出さずに転がるボールを打つことができます。

クローズスタンスなのでインパクトでフェースが返って順回転（フック回転）はかかりますが、フェースが寝ているため、ハンドファーストや通常のクローズスタンスではランが出過ぎてしまうときなどに、**ランを抑えるために使うと便利**です。

FOR HALF SHOT

アプローチ技術をスコアに直結させるために
1m以内のパッティングを練習しよう

●パッティングの距離とカップインの確率

プレーヤー	距離	確率
トッププロ	1m	約95%
	2m	約70%
	5m	約25%
アマチュア	1m	約80%
(ハンデ15)	2m	約40%
	5m	約12%

パッティングは距離が伸びると成功率がぐんと下がります。アマチュアの場合、距離が1mから2mに伸びるだけで、成功率は半分になってしまいます。つまり、2パットを想定するのであれば、最初のストロークで確実に1m以内に入れる必要があります。そのために、アプローチで狙うのはカップから5m以内につけるということです。

それと同時に大切なのが、1m以内のパットの精度を高めることです。上記に紹介しているのはPGAトップクラスとハンデ15程度のアマチュアのおおよその平均値です。パットを入れる確率は、距離が短くなるほどトッププロとアマチュアの差は少なくなります。

パッティングが苦手な方は、クロスハンドでストロークを練習するといいでしょう。その延長がチップショット、さらにはハーフショット、フルスイングへとつながっていきます。

PART 4

正しいスイングと感覚を身につける!

アプローチ テクニック習得ドリル

スイングやストロークの悪癖を直すことがさまざまなスタンスからのスイング習得の近道!!

THROUGHOUT THESE DRILLS, YOU CAN ACQUIRE APPROACH TECHNIQUES AND THE RIGHT FEELINGS.

本章では、正しいアプローチのスイングをするためのドリルを紹介します。とはいえ、特別なスイングを身につける必要はありません。ハーフショットの場合は基本スイング、チップショットの場合はストローク動作さえできていれば、あとは重心の位置やスタンスを変えたときの感覚に慣れるだけです。まずは日ごろ慣れ親しんだ、スイング動作とストローク動作の確認から始めましょう。

とくにフルスイングで力んでいたり、インパクトに合わせたスイングをし

日ごろのこんな悪癖を直しておこう!!

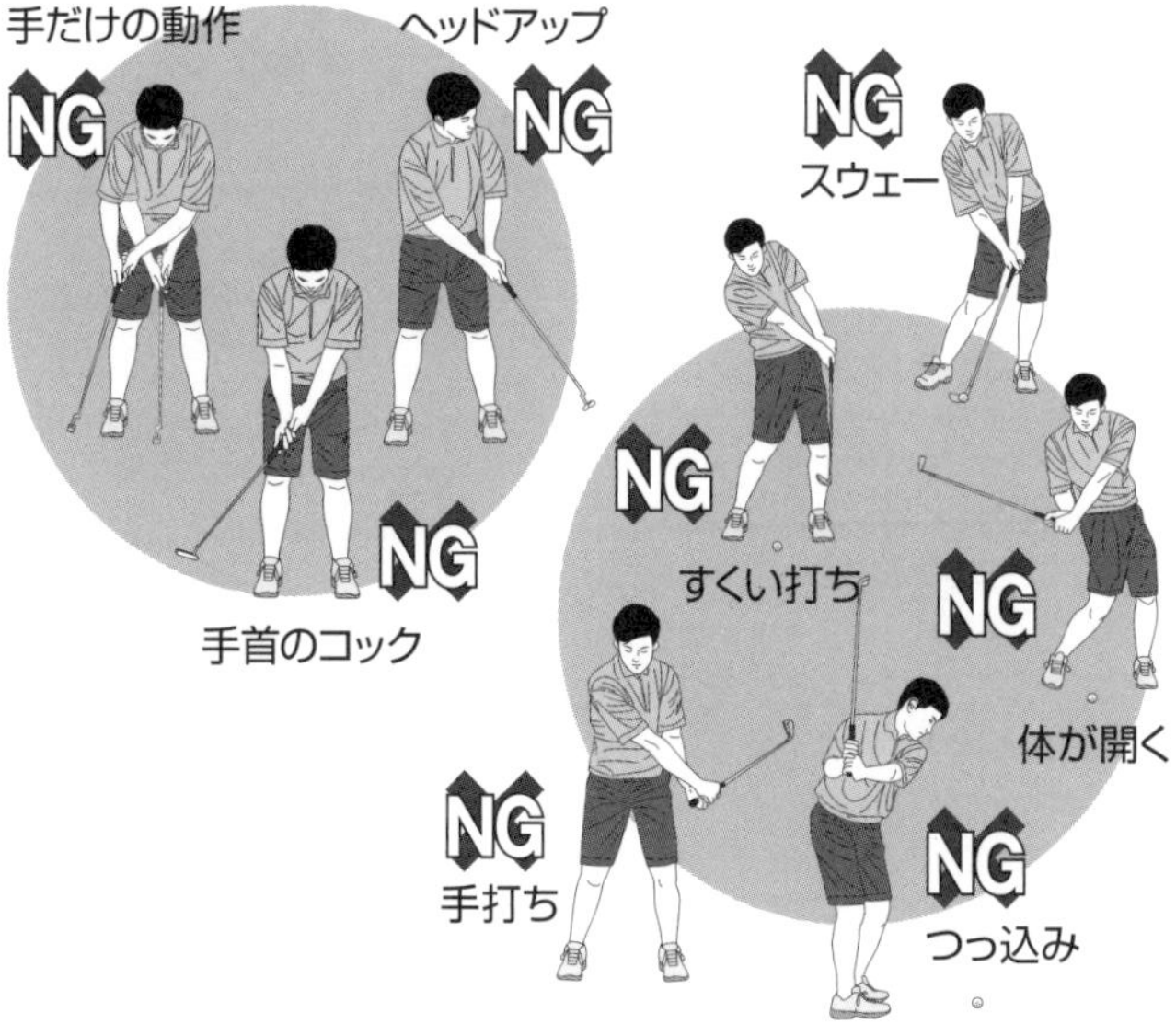

ている方は小さな振り幅のショットを苦手としていることが多いものです。

腕や肩の力に頼らず、自然に体幹を使ったスイングをできるようにしておきましょう。

パッティングの悪癖もチップショットに現れやすくなります。とくに、パッティングで手打ちやヘッドアップなどのミスが多い方は、これを機にパッティングのフォームを見直しておくといいでしょう。

DRILL 1　力みのない自然なスイングを身につける

ゴム打ちドリル

ハーフショット

アプローチで腕や体でスイングを
コントロールしてしまう方は
通常のスイングでも同じ。
クラブの重みを利用してスイングする
ときの体の使い方をおぼえよう。

❶ ひざ〜ひざの振り幅

小さな振り幅でゴム打ちを行う。往路だけでなく、復路でもヘッドの背がゴムに当たるように行う

❷ 腰〜腰の振り幅

手もとが腰から腰の高さの振り幅で同じことを行う

❸ 胸〜胸の振り幅

手もとが胸から胸の高さの振り幅で同じことを行う

DRILL 2　股関節のやわらかい使い方をおぼえる

股関節スイング体操

ハーフショット

股関節をやわらかく使った
力みのないスイングを身につけるための体操。
下半身をリラックスさせたところから、
腕の重みを感じながら体幹を使って腕を振る。

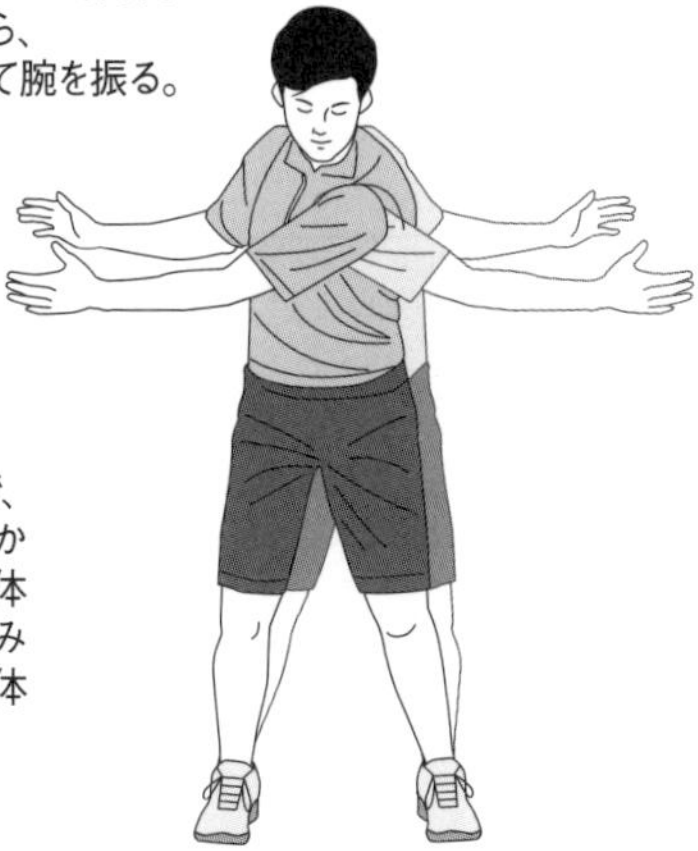

❶ 股関節体操

ゴルフのアドレスの姿勢で、手をだらんと下げたところから、体幹を使ってゆっくり体を左右にひねる。腕の重みを使って振り子のように体を動かすのがポイント

❷ 股関節スイング

クラブを持ち、クラブの重さを感じながら腰の高さで左右にスイングする。重心が移動したときの股関節の使い方をおぼえよう

股関節や肩甲骨をやわらかく使った
体幹からのスイングのイメージをつかんでおこう。
スイングに必要な、体重移動、体のひねり（捻転）、ターン（回転）の
正しい姿勢やタイミングを自然に身につけることができる。

❸ 体幹スイング

ゴルフスイングの感覚がつかめてきたら、そのままスイングしてみよう。実際にボールを打てるようになったら、力みのないスイングが完成する

DRILL 3　正しい重心移動と体幹の感覚をおぼえる

体幹スイング体操

チップショット

❶ 体幹スイング体操

右手に左手でタッチ（捻転）→足を引き寄せる（重心移動）→足を踏み出す(回転)→左手を広げる(回転）→右手で左手にタッチ（捻転）→足を引き寄せる（重心移動）を一定の速度でテンポよく往復で行う

❷ クラブを持った体幹スイング体操

クラブを持って行う体幹スイング体操。クラブの重みを利用して左右に体をひねって、股関節の使い方や体幹がひねられたときの感覚を身につけておこう

DRILL 4　小さなスイングでの体重移動をおぼえる

足踏みスイング

ハーフショット　チップショット

振り幅の小さなアプローチのスイングでも
体重移動をして打つためのドリル。
股関節をロックして、下半身を使わずに
手打ちになってしまう方に有効なドリル。

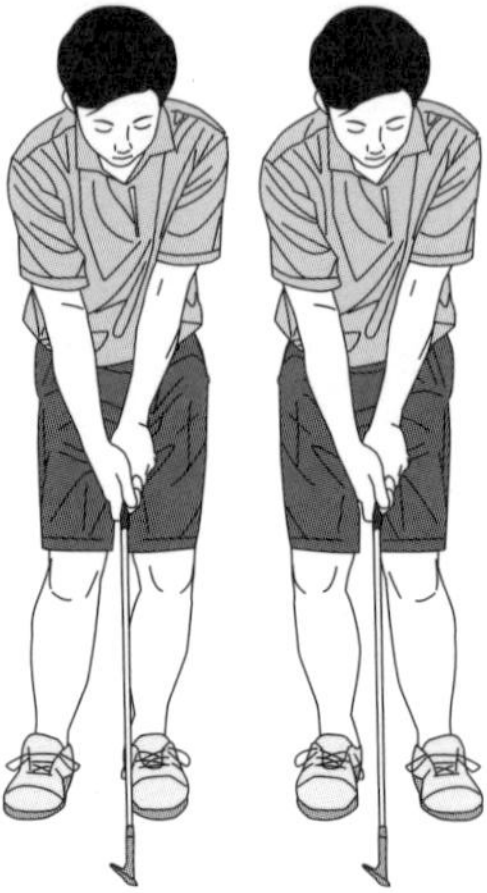

アドレスから上半身の姿勢を崩
さずにその場で小さく足踏みする

数回足踏みをした
ところで、リズムを
変えずに右足の着
地のタイミングで
テークバック

足踏みの重心移
動に合わせて小さ
くスイング。これを
リズムよくくり返す

DRILL 5 手首でこねてしまう癖を矯正する

手首のコック矯正ドリル

ハーフショット チップショット

アプローチのときに手ですくい上げようとしたり、手でまっすぐ押し出そうとして突っ込んだり体が流れてしまう方に有効なドリル。手首が使えない状態をつくって、体幹からのスイングを習得しよう。

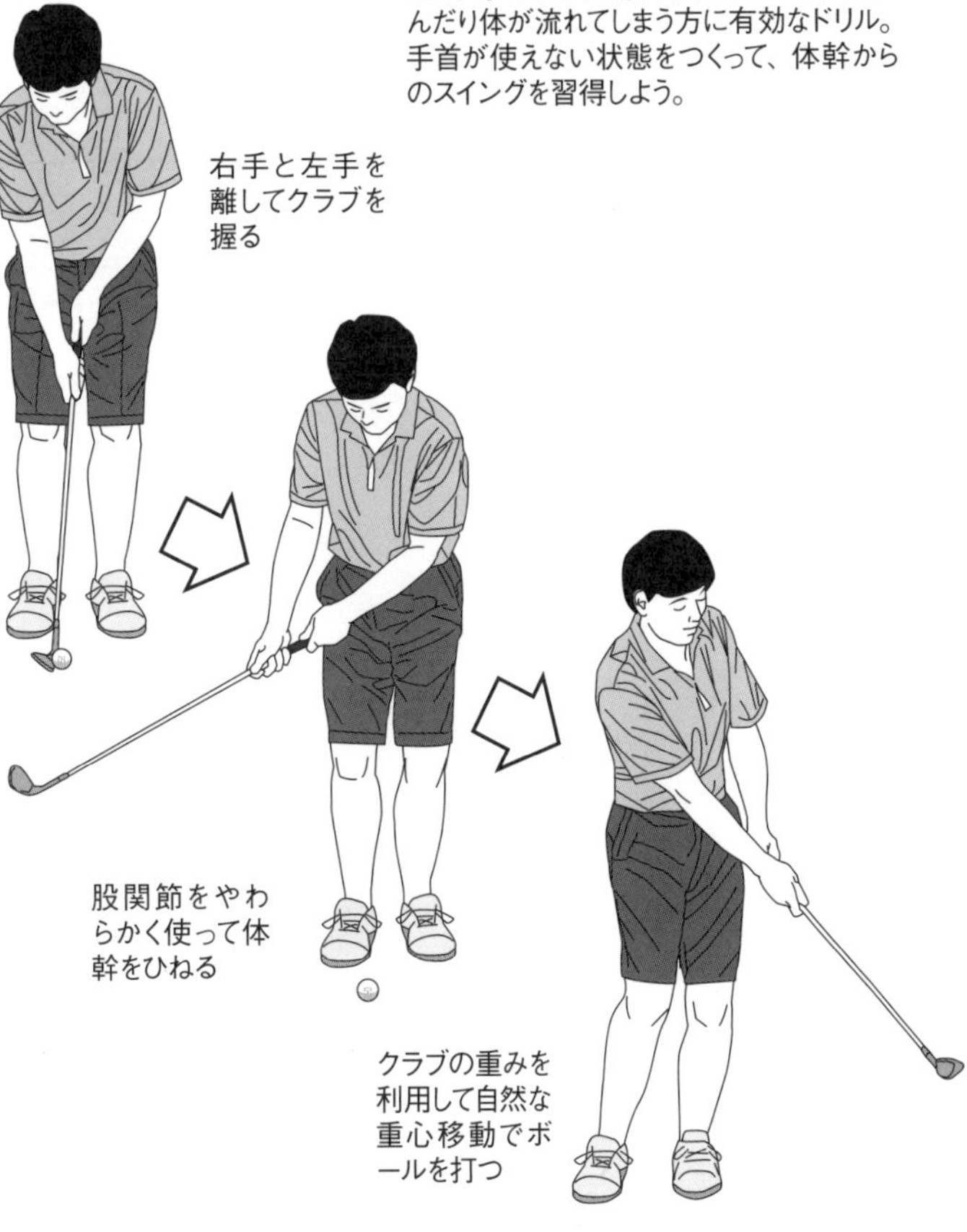
右手と左手を離してクラブを握る
股関節をやわらかく使って体幹をひねる
クラブの重みを利用して自然な重心移動でボールを打つ

DRILL 6　ヘッドをインパクトで鋭角に入れるために

ダウンブロードリル

ハーフショット

ハンドファーストの姿勢をとることでスイングの軌道がダウンブローになっているかをチェックするためのドリル。実際にボールを打つときに、力んでフォームが乱れていないかを確認しよう。

ボールの15～20cm後方にもうひとつボールを置き、左足に重心を乗せて構える

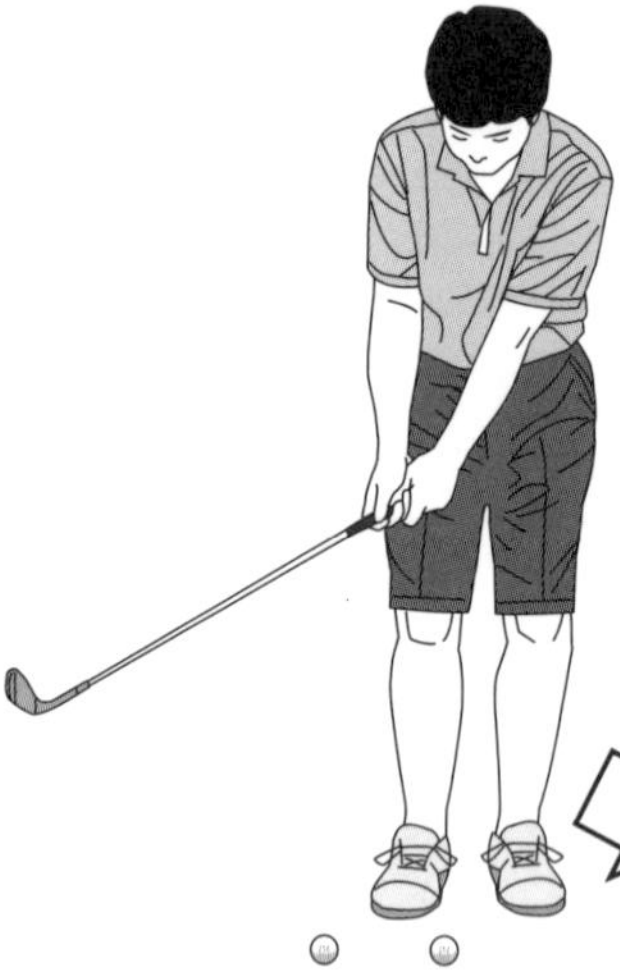

左足に重心をかけたまま普通にスイングを開始する

後方のボールにクラブを当てずに前のボールを打つ

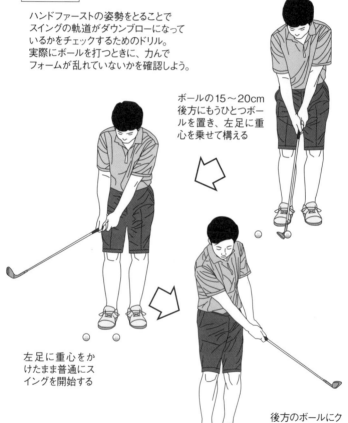

DRILL 7 力みのない自然なスイングを身につける

サイドブロードリル

ハーフショット チップショット

ヘッドを上から落とさずに
ボールを横からインパクトするためのドリル。
チップショットやオープンフェースのショット
のクラブ軌道をチェックしておこう。

❶ チップショット

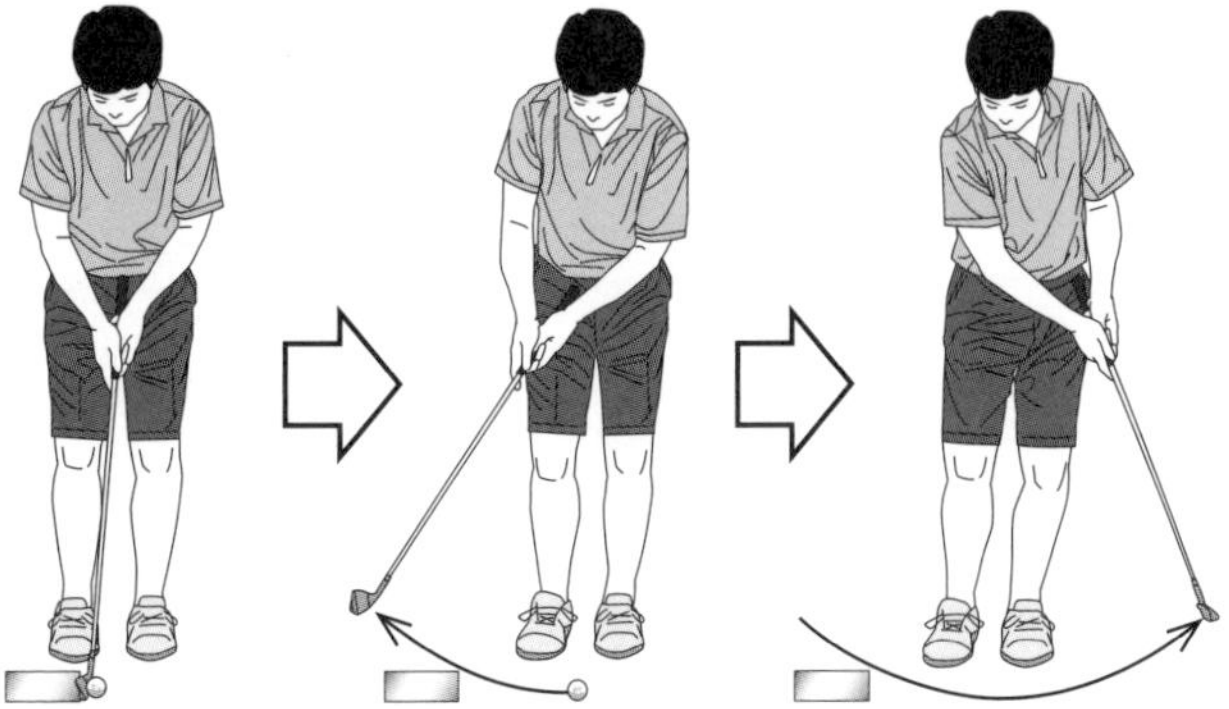

ヘッドの後方にボールケースを置いて構える

ボールケースを後方に押しながらテークバック

テークバックした軌道に沿ってスイングする

❷ オープンフェースで打つ

右足に重心を乗せてフェースを開いてスイングする

DRILL 8　重心位置を変えたスイング感覚に慣れる①

ハンドファーストドリル

ハーフショット　チップショット

ハンドファーストの左足荷重やオープンスタンスの姿勢を崩さずにボールを打てるようにするためのドリル。どんなスイングでも、正しくアドレス姿勢に戻ってインパクトすることが大切。

2本のクラブを逆さに持ち、体の左側になるように構える

体幹を回転させて自然にスイングする

正しくスイングできていれば自然に打つことができる

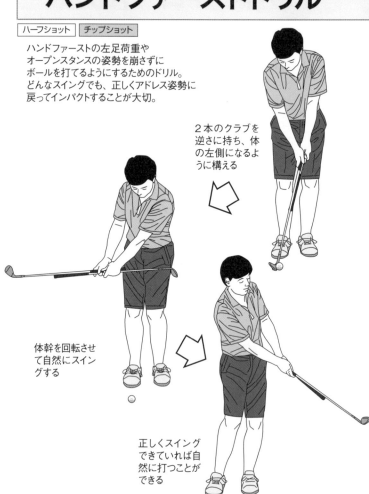

DRILL 9　重心位置を変えたスイング感覚に慣れる②

オープンフェースドリル

ハーフショット　チップショット

オープンフェースの右足荷重や
クローズスタンスの姿勢を崩さずに
ボールを打てるようにするためのドリル。
どんなスイングでも、正しくアドレス姿勢に
戻ってインパクトすることが大切。

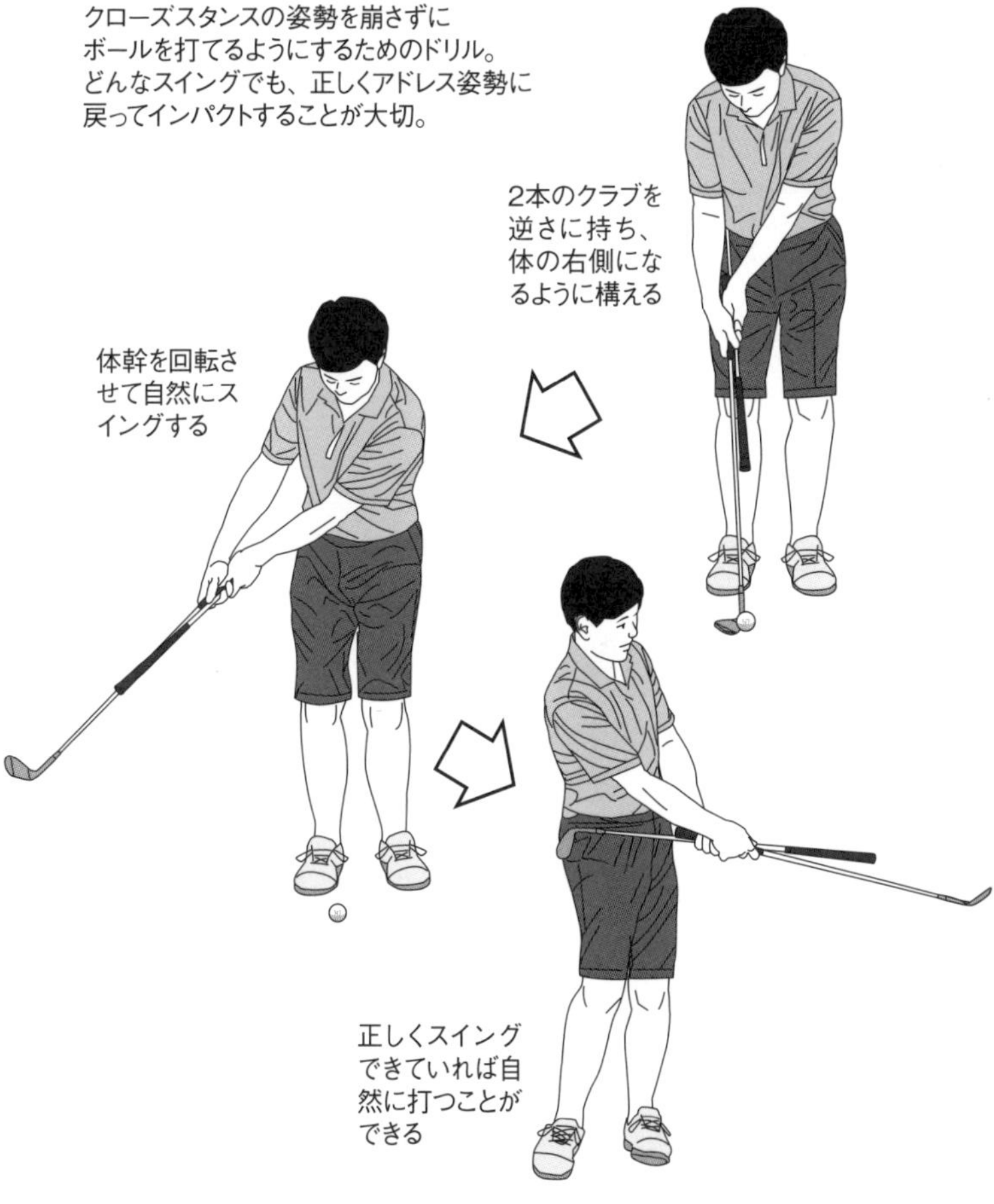
2本のクラブを
逆さに持ち、
体の右側にな
るように構える
体幹を回転さ
せて自然にス
イングする
正しくスイング
できていれば自
然に打つことが
できる

❸ ストロークフォームの完成

グリップを通常に戻せば、正しいパッティングフォームの完成

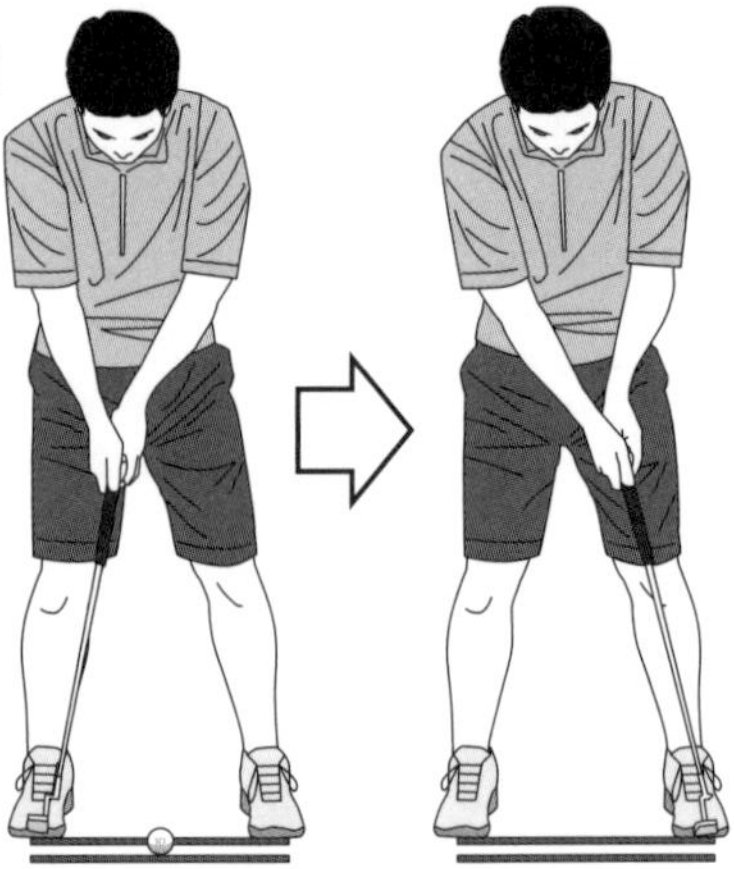

❹ チップショットへの応用

クラブをウェッジにしてパターのストロークをイメージしてボールを打つ

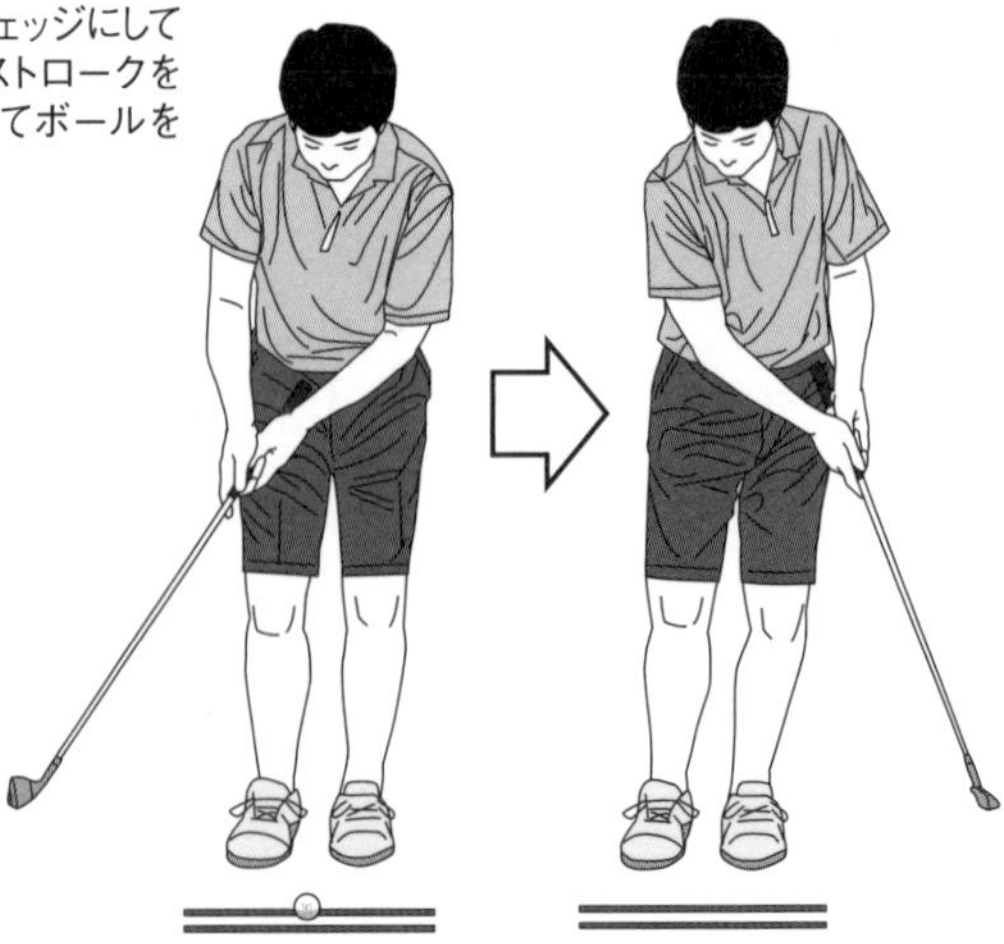

DRILL 10　力みのないストロークフォームを身につける

レールストローク

チップショット

体幹の動きを使ってインパクトゾーンでまっすぐにクラブを運ぶための練習。まずはパッティングの悪癖を矯正して正しいストロークを身につけよう。

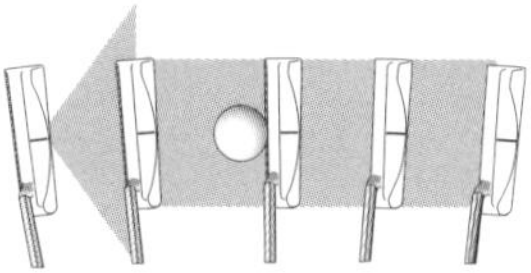

❶ ストロークフォームメイク①

パターの幅より少し広めの幅でインパクトゾーンに棒を置き、わきにクラブを挟んでストロークする

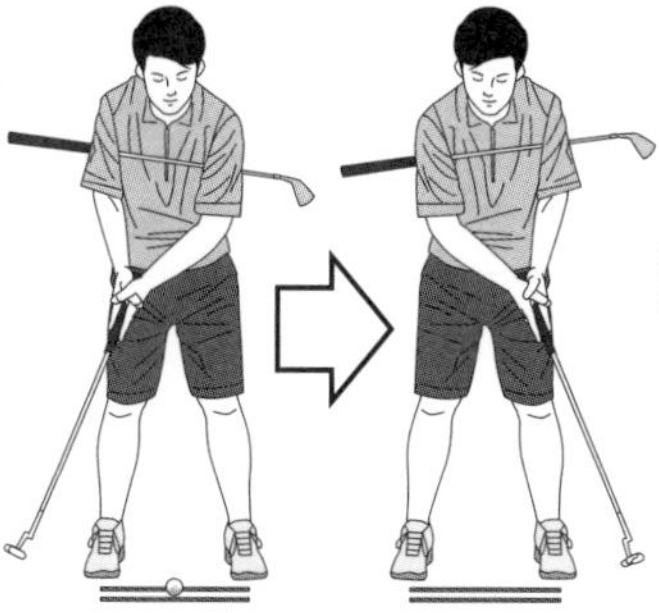

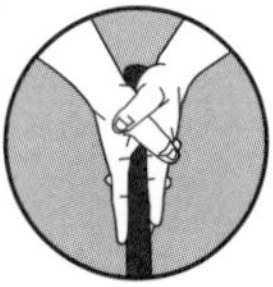

人差し指を伸ばし手のひらで挟むようにグリップを握る

❷ ストロークフォームメイク②

わきに挟んだクラブを外し、体幹を意識してストロークする

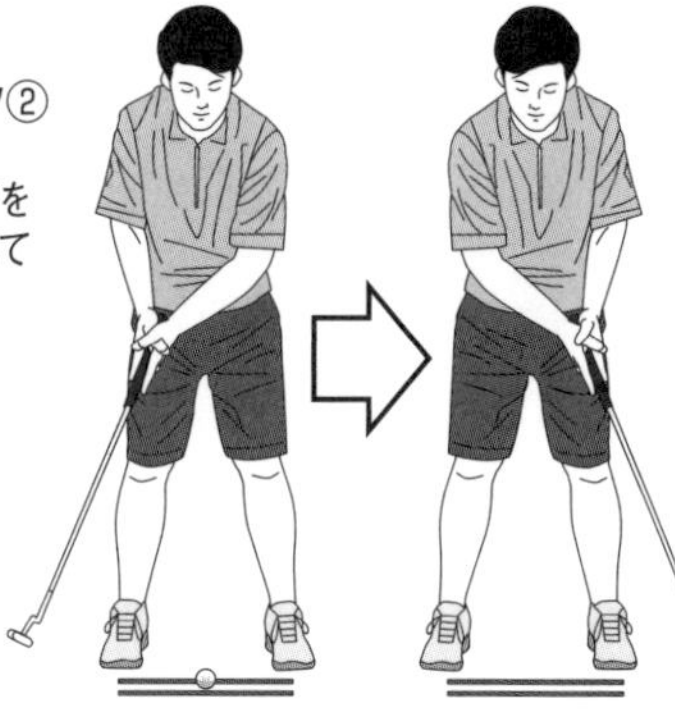

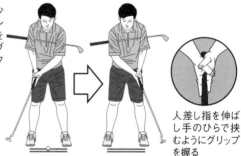

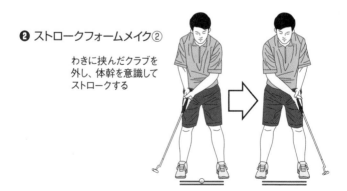

DRILL 11　正しい腕の使い方を身につける

1ハンドストローク

チップショット

腕の力に頼ってストロークしていないかを
チェックするドリル。
とくに、利き手側の手首を使って
しまわないように注意しよう。

手首のコックを使ってしまうとインパクトが安定しない

❶ 左手のストローク

通常のストロークのフォームで、右手をグリップから離し、左手1本でストロークする

❷ 右手のストローク

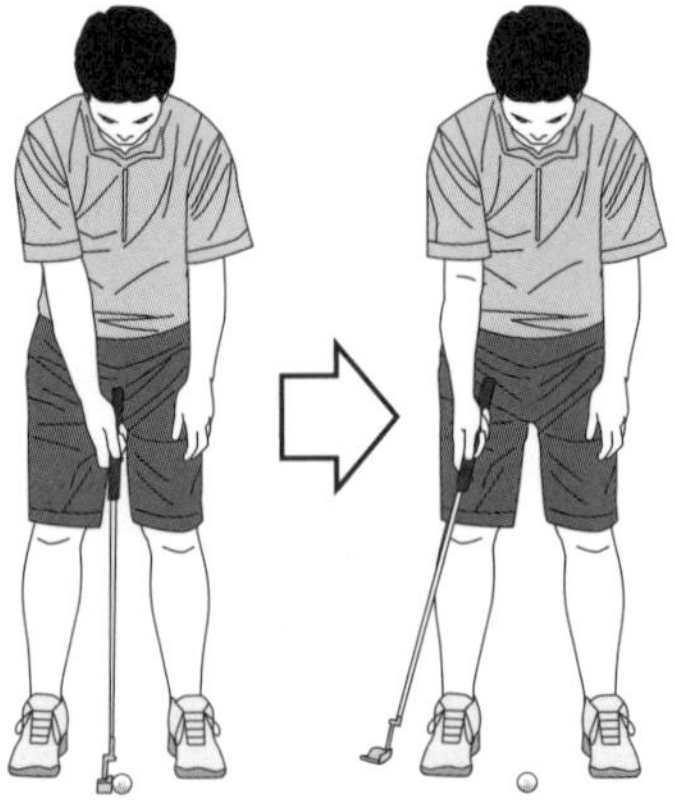

左手をグリップから離し、右手1本でストロークする。利き手に頼ったストロークをしていると不安定に感じられる

左手を右腰に当てて行うことで、肩が上下したり体も開きにくくなる

DRILL 12　上体を開かないようにするための

クロスハンドドリル

ハーフショット　チップショット

体が開いたり、ヘッドアップの癖を
矯正することができるドリル。
クロスハンドに握って強制的に体を
開かなくして正しい感覚を身につけよう。
体が突っ込み始めたら、
ラウンド中に使ってみるのもいいだろう。

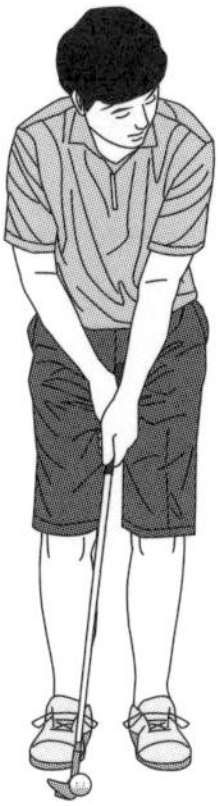
左右の手を入れ替えてグリップを握る

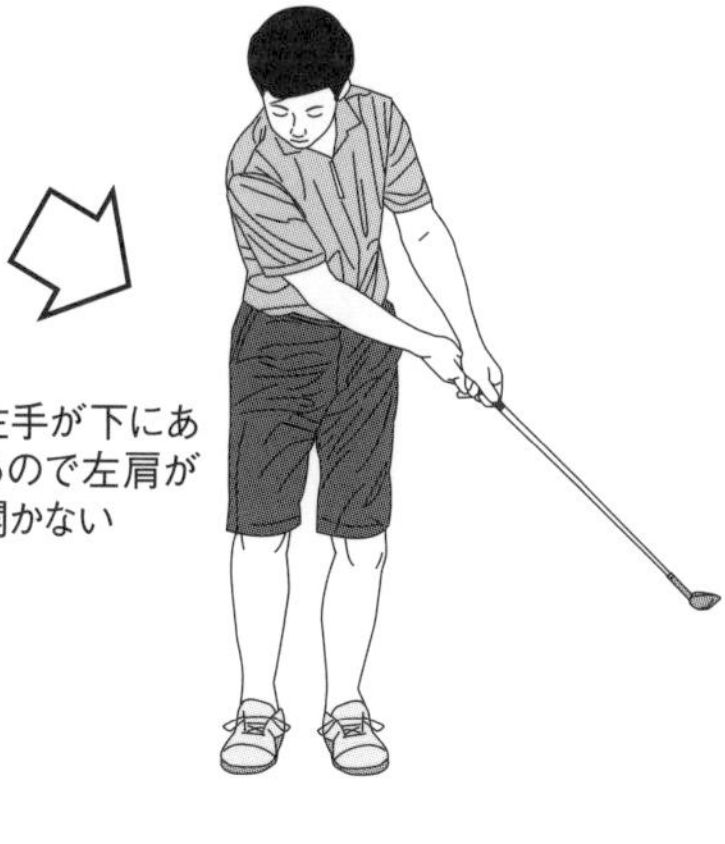

パターのストロークで練習するのもいい

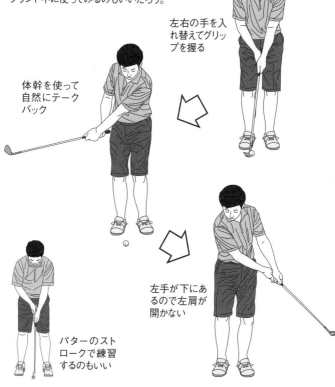

DRILL 13 クラブごとの正しい距離感を身につける

チッピングドリル

チップショット

さまざまな打ち方の振り幅と距離感をつかむためのドリル。
練習グリーンでさまざまなクラブを使って、振り幅とキャリー、キャリーとランの比率などを把握しておこう。

グリーンエッジから軽くボールを打ち、止まったボールのところに落ちるように次のボールを打つ。課題としているショットについて、クラブを替えて振り幅とキャリーの関係をつかんでおこう。

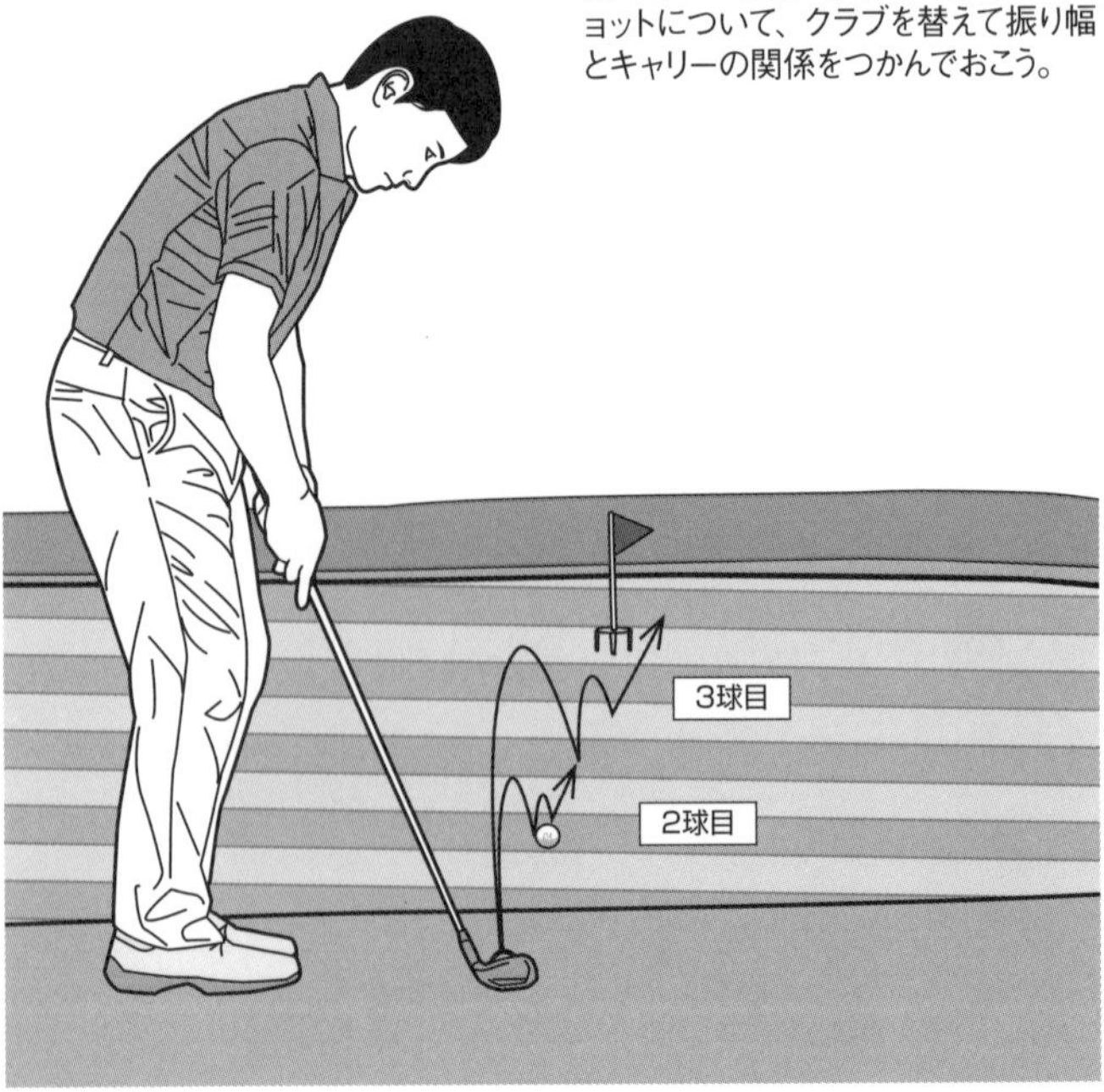

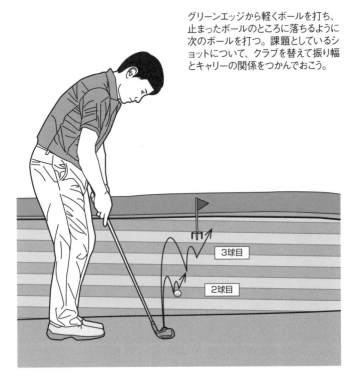

PART 5

ラウンド当日に役立つ!

状況別アプローチ
&
ショットセレクション

基本スイングと4つのスタンスを利用すればどんなライからでもかんたんに打てる

THE SWING WITH 4 STANCE METHOD WILL BE USEFUL FOR ANY SITUATIONS SUCH AS A SLOPE, ROUGH, AND SO ON.

実際のラウンドでは、真っ平らなフェアウェイから打てるチャンスはそれほど多くありません。とくにグリーン周りのアプローチの場面では、たとえフェアウェイのど真ん中でも微妙な傾斜がついていることが多いものです。

アプローチの基本となる「ハーフショット」と「ピッチショット」を習得して、「ハンドファースト」、「オープンスタンス」、「オープンフェース」、「クローズスタンス」のつくり方を正しくマスターして、さまざまなライからもミスなく打てるようになりましょう。

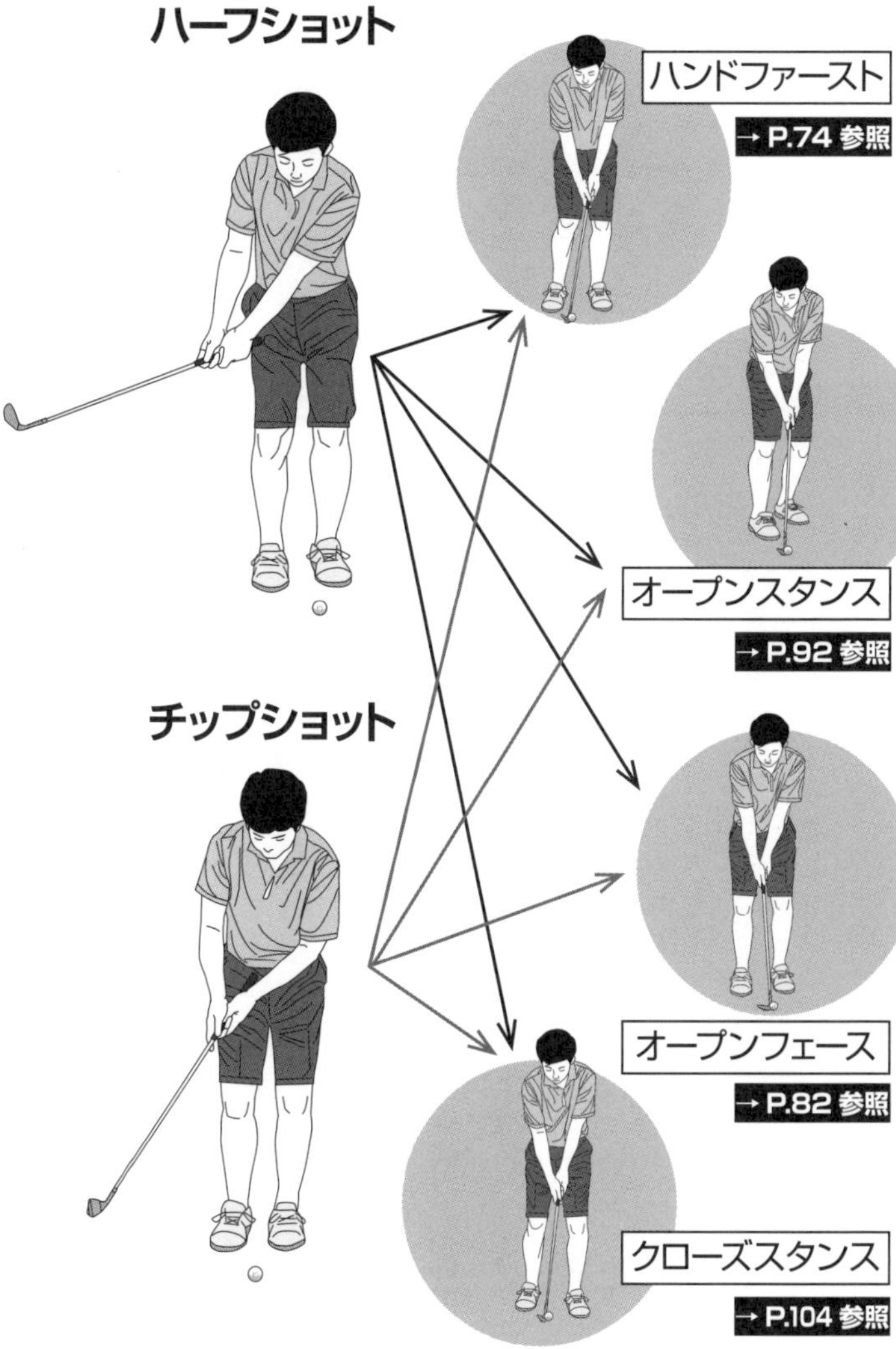
ハーフショット
チップショット
ハンドファースト
→ P.74 参照
オープンスタンス
→ P.92 参照
オープンフェース
→ P.82 参照
クローズスタンス
→ P.104 参照

THE SWING WITH 4 STANCE METHOD WILL BE USEFUL FOR ANY SITUATIONS SUCH AS A SLOPE, ROUGH, AND SO ON.

ラウンド中の無二のショットで唯一できる練習がショット前の素振りだ!!

実際のラウンドでは、たとえティショットであっても**まったく同じ条件で打てるショットはありません。**それだけに、どんな**ショットを打つか決めた後にかならず素振りをする**ことが大切です。つまり、打つ前に行う**「素振り」はラウンド中にできる唯一の練習**なのです。

状況に応じてどんなショットをするか決めたところで、選択したショットと同じスタンスをつくって素振りをしてみましょう。バンカー内以外であれば、実際にヘッドをボールに入れるイメージで素振りをすることが許されています。

どの程度の振り幅で、ボールに対して鋭角にヘッドを落とすのか、芝を刈るイメージで横から振り抜くのか、斜面などにバンスを滑らせるイメージで振るのかなどのデモンストレーションをすることが大切です。

実際に素振りをしてみて、**嫌なイメージが湧くようであれば、別のショットに切り替える判断**もすることができます。

ティショットやフェアウェイもそうですが、とくに傾斜地やラフからのショット、グリーン周りのアプローチやパッティングなどの前には、自分のイメージする打球と素振りのスイングが一致しているかを確認してからボールを打つことが大切です。

このような動作を積み重ねていくことで、練習場においても実際のショットをイメージしてボールを打てるようになり、上達が早まります。

其ノ一

傾斜地のショットでは、立った時点から自分の平衡感覚を信じるな!!

スタンスは傾斜なりに上体は垂直に立つ

傾斜地からのショットでもっとも気をつけなければならないのが**重心のバランス**。自分ではバランスよくまっすぐに立っているつもりでも実際は前後左右にバランスが乱れていることが多いものです。

なかでも、左足上がりで気をつけたいのが左右のバランス。スイング中やスイング後にバランスが崩れてしまう方の多くは、**立った時点からバランスが乱れている**の

解決

クラブを胸の前で上下して上体が垂直になっているかを確認!!

ヘッドの重みでクラブを上下させる

ボールの横に立った時点で姿勢が乱れやすい

です。**下半身は傾斜なりに立ち**、**上半身はつねに垂直に保つ**ことを忘れてはいけません。

「池の水面などの遠くにある水平なものを基準に構える」などとよく言われますが、池の形状などによる錯覚も生じるので、つねに有効な手段とは言えません。

そこで、傾斜地ではボールの横に立ったところで、**クラブを胸の前に上げ、ヘッドの重みを使ってヘッドを軽く上下に振ってみましょう**。このヘッドの描く垂直な軌道に上体を合わせることで、正しく立つことができます。

其ノ二

斜面にヘッドが刺さる心配をせずに**オープンスタンスで自然に振り抜く!!**

左足上がりの場合、振り抜きでクラブヘッドが斜面に刺さってしまいそうな不安が生じ、前方（左足側）にボールを置いてしまいがちです。しかし、前方にボールを置くことで、インパクトで上体が突っ込んでしまうため、逆にダフりやすくなってしまうのです。

ボール位置を変えずに胸や腰はスクエアに保ち、**手もとの振り抜きをよくするために左足のみを動かしてオープンスタンス**をつくりましょう。上体がスクエアな姿勢を保てていれば、自然と胸の回転でスイングすることができます。

スタンスをオープンにしているので、インパクト後に自然にイン

ボール位置を変えずに上体をスクエアに保った正しいオープンスタンスで自然に振り抜く

← P.94 参照

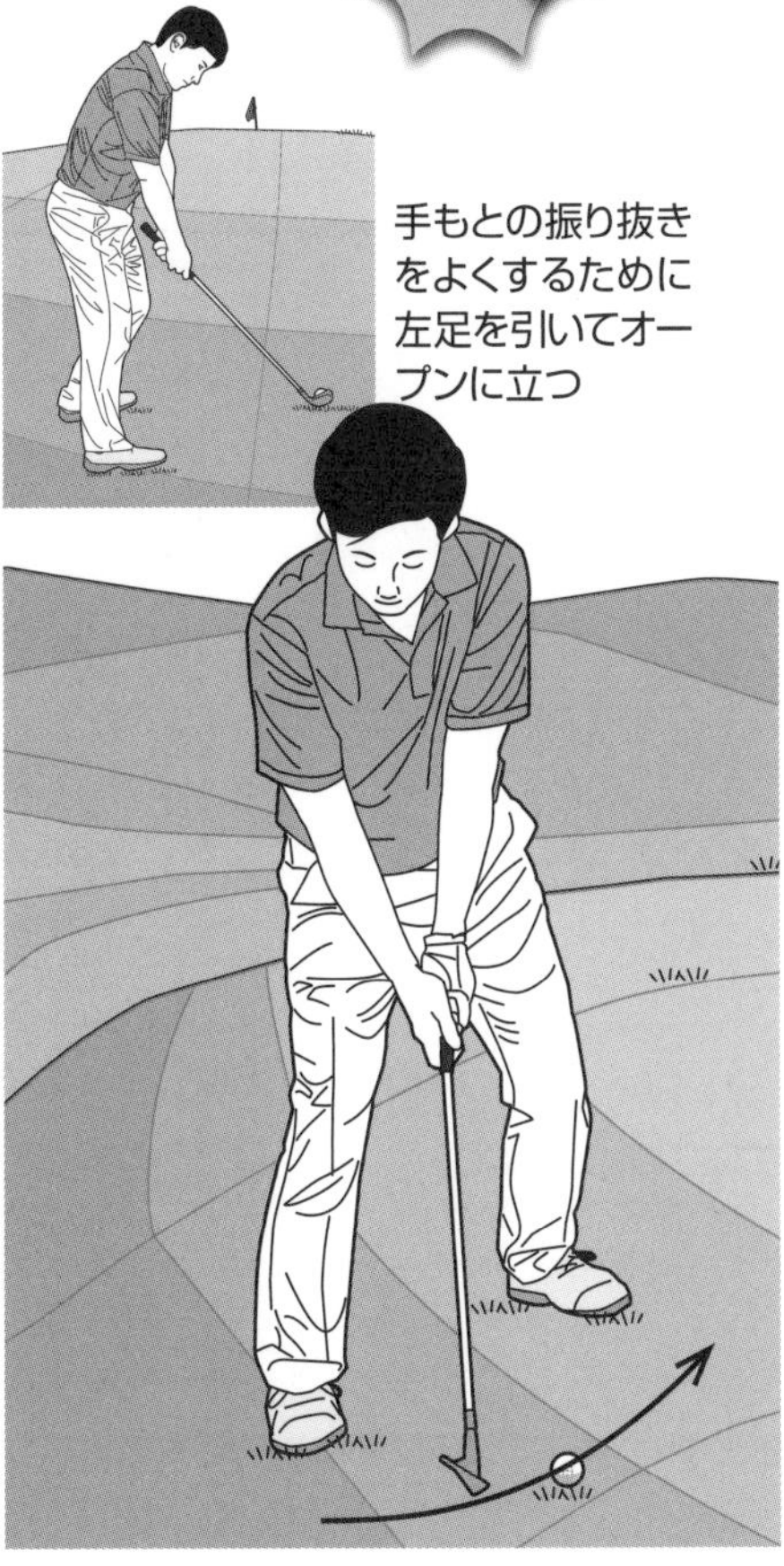

手もとの振り抜きをよくするために左足を引いてオープンに立つ

イメージとは逆にボールを前に置くことでダフりやすくなる

方向に振り抜けるため、決してクラブヘッドが斜面に刺さることはありません。斜面に沿って、バンスを滑らせるイメージで数回素振りをした後に自然に振り抜きましょう。

其ノ一

ピン位置、周辺状況や目的に応じて**ベストのショットセレクションをする!!**

グリーン周りの左上がりでのショットは、その**状況に応じたショットセレクションが可能**です。ピンまでの距離はもちろん、グリーンの傾斜やバンカーの位置などに応じて、もっとも安全にピンに寄せられるショットを選択しましょう。

傾斜が強ければ、左足上がりの基本となるオープンスタンスからのショットとなります。高く上げたければハーフショット、低く打ち出したければチップショットを打つことができます。グリーンエッジまでの距離やキャリーとランの比率を考慮して使用クラブを選択しましょう。

傾斜がそれほどでない場合は、低く打ち出して転がしたいならハンドファースト、ランをあまり出したくないときはクローズスタンスのハーフショットやチップショットを採用するといいでしょう。

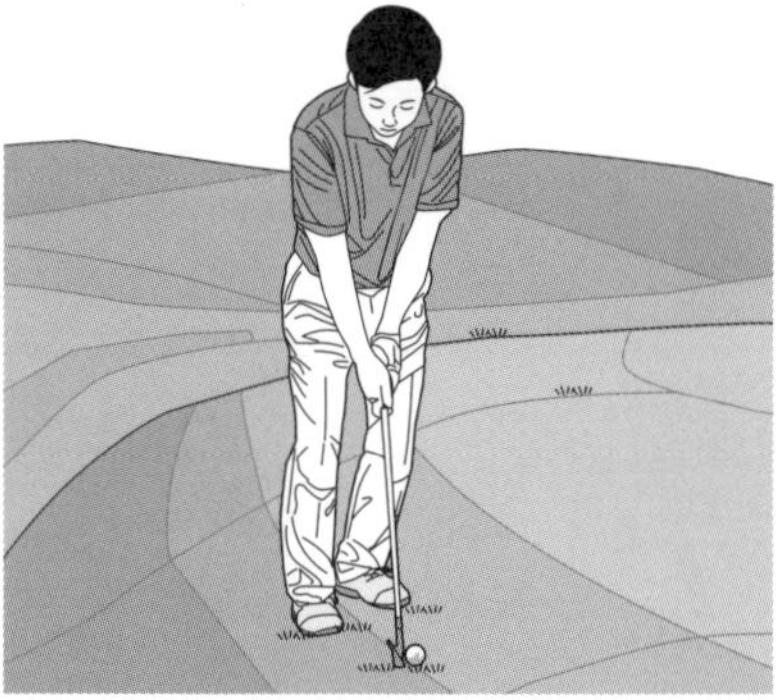

グリーン周りの左足上がりでのショットセレクション

オープンスタンス

●傾斜が強くふわりと上げたい
●高く上げてあまりランを出したくない（オープンフェース）
←P.94 参照

○傾斜が強く、ピンが手前でランを出さずに止めたい（オープンフェース）
←P.98 参照

ハンドファースト

●キャリーを出して止めたい
←P.76 参照

○ラインを出したいけど、あまり転がしたくない
←P.80 参照

オープンフェース

●上げて止めたい
←P.86 参照

○さらに小さく上げて止めたい
←P.90 参照

※●はハーフショット、○はチップショットを意味する

グリーンから離れた左足下がり❶

其ノ一

左足下がりでも、スタンスは傾斜に沿って 上半身を垂直に保って立つ!!

左足下がりのライに、「ボールをつかまえにくい」、「ボールが上がらない」などというイメージを抱いている方も多いと思います。打ち出し方向に下がっているため、左足上がりに比べてインパクトで前方にバランスを崩しやすくなります。

基本的な立ち方は左足上がり

解決

クラブを胸の前で上下して上体が垂直になっているかを確認!!

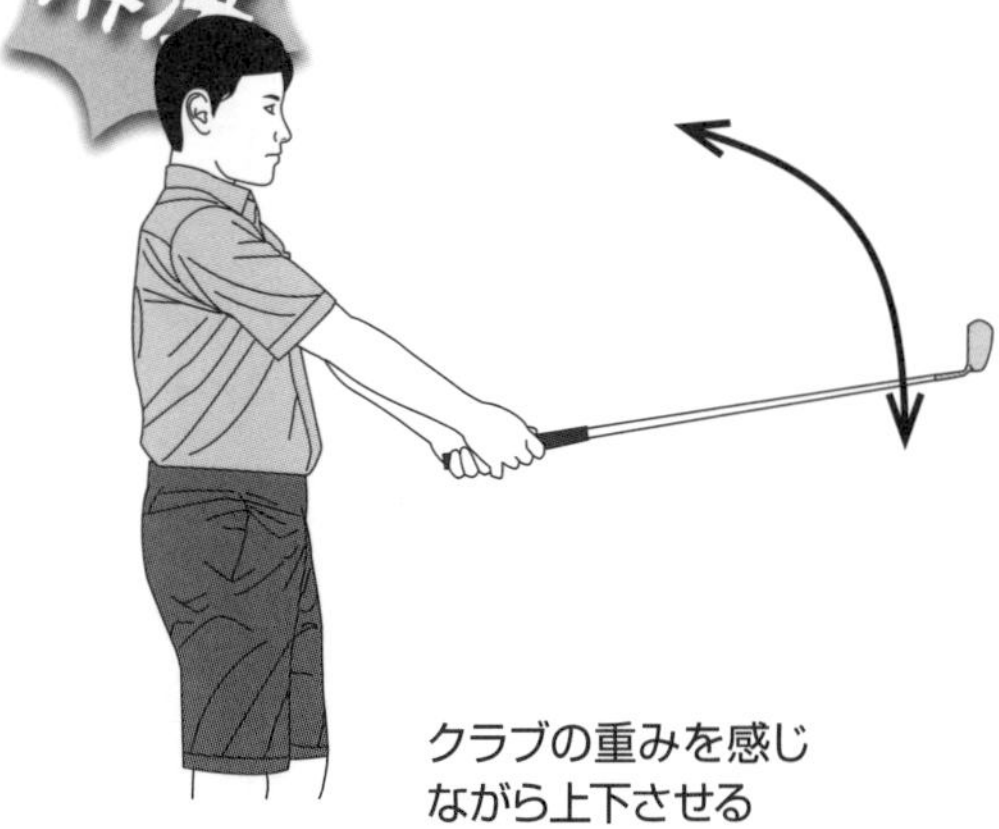

クラブの重みを感じながら上下させる

のときと同じです。スタンスは傾斜なりに立ち、**上体を垂直に保つ**ことが大切です。

平衡感覚が崩れやすいので、ボールの前に立ったところで、胸の前でクラブを上下に振って上体が垂直になっているかを確認するのを忘れないようにしましょう。左足が谷側にあるので、無意識に左足重心になるのが自然な立ち方です。

其ノ二

ダフりが怖いならボール位置を変えずに**クローズスタンスで自然に振り抜く!!**

左足下がりでは、インパクトの手前でダフりそうな不安が強くなります。また、インパクトでもボールが捕まりにくいイメージを持っている方も多いことでしょう。それを避けるために、ボールを後ろ（右足側）に置いてしまうことが、ダフりやシャンクの原因となってしまうのです。

テークバックやバックスイングで手もとの振り抜きをよくするために**右足を引いてクローズスタンス**にすれば、あとは普通にスイングするだけです。胸はスクエアに構えているので、インパクトゾーンをクラブが通過します。しかし、クローズスタンスで構えている

ボール位置を変えずに上体をスクエアに保った正しいクローズスタンスで自然に振り抜く

← P.110 参照

解決

ボールを右足寄りに置くことでダフりやシャンクが生じる

手もとの振り抜きをよくするために右足を引いてクローズに立つ

ぶん、クラブはインサイドから鋭角に下りてきます。

その結果、**トゥ側からボールを包み込むようにインパクトするので、ボールが捕まりやすく**なります。トゥ側からボールの下に入るため、バンスも邪魔にならず、ダフる心配もありません。それどころか、フェースを寝かせばイメージとは逆に高いボールを打つことも可能です。

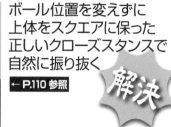

グリーンに近い左足下がり

其ノ一

手先でフェースコントロールするのでなく
正しいインパクトのイメージを持つ!!

グリーン周りの左下がりは、軽くパチンと叩けばかんたんに転がるイメージがあります。フェアウェイであればそれでもいいのですが、多くの場合はラフやガードバンカーなどがあるため、**小さなスイングでもしっかり振り抜く**ことが大切です。

ピンが近くにある場合、インパクトゾーンの意識が薄れてしまいがちです。

ボールをしっかり捕まえようとすると上から打ち込んだり、フェースを返したくなりますが、この特別意識がミスショットの原因となってしまいます。**短い距離だからこそ、しっかり振り抜く意識を持つことで確実にボールを捕らえる**ことができます。

ボールを捕まえるイメージ

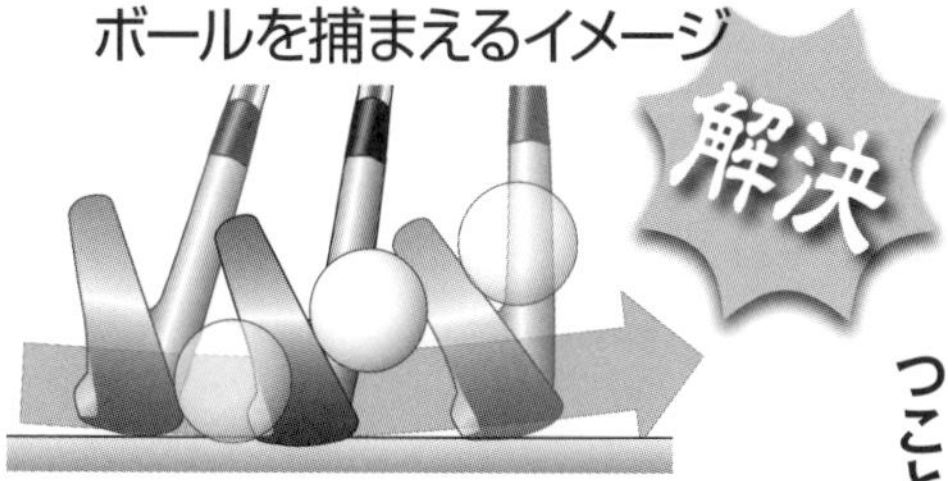

インパクトゾーンにヘッドを通過させ、フェースにボールが乗って打ち出される

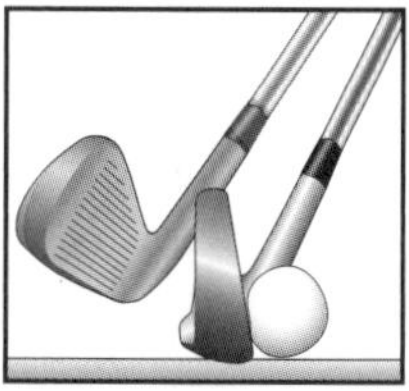

NG
上からボールをつぶすように打ち込んだり、フェースを返してボールを捕まえようとする

グリーン周りの左足下がりでのショットセレクション

クローズスタンス	
●通常の左足下がりの打ち方	← P.110 参照
○ランをそれほど出さずに止めたいとき（オープンフェース）	← P.112 参照
オープンフェース	
●高く上げたいとき	← P.86 参照
○小さく上げて近くに止めたいとき	← P.90 参照
ハンドファースト	
○転がしたいとき	← P.80 参照

※●はハーフショット、○はチップショットを意味する

ボールを押し出せる
オープンスタンスで打つ

← P.94 参照

其ノ一

傾斜を下から登ってスッと構えて、
オープンスタンスで打つ!!

ツマ先上がりでは、ボールと体との距離が近くなります。傾斜がきつくなるほど、ボールが上がりやすくなるので、ツマ先上がりでは**ロフトを少し立てて打つのが基本**となります。

ボールとの距離が近いので、打ち込もうとするとダフりやすく、叩こうとすると横振りになって引っかけてしまいます。

また、体の前後のバランスを崩しやすくなるので、**下から傾斜を登ってスッと構えます**。後方にのけ反ってしまわないように、上体の適度な前傾姿勢を保つことが大切です。傾斜がきつい場合はクラブを少し短めに持つのもいいでしょう。

ボールを打ちにいく意識が強いと横振りになって引っかけやすくなる

スクエアに構えたところから、**左足を少し下げてオープンスタンスに構えることで、自然にロフトが立ったインパクト**を迎えることができます。

横振りになると引っかけてしまうので、インパクトゾーンを意識した上下動の少ないスイングをすることが大切です。

グリーンに近いツマ先上がり

其ノ一

オープンに立ってもカット軌道で打たない
スイング方向はつねに胸が基準!!

グリーン周りのツマ先上がりでも、重心のバランスを崩さずにまっすぐ立ち、左足を引いたオープンスタンスに構えるのが基本です。

チップショットのときも普通に打つと左に出やすくなるので、**オープンスタンスでロフトを立てて打つ**ようにしましょう。

オープンスタンスで構えるとライン

を出しにくくなる方は、**スクエアに構えたところからハンドファーストをつくって打つ**ことでラインに乗せやすくなります。

オープンスタンスのヘッド軌道

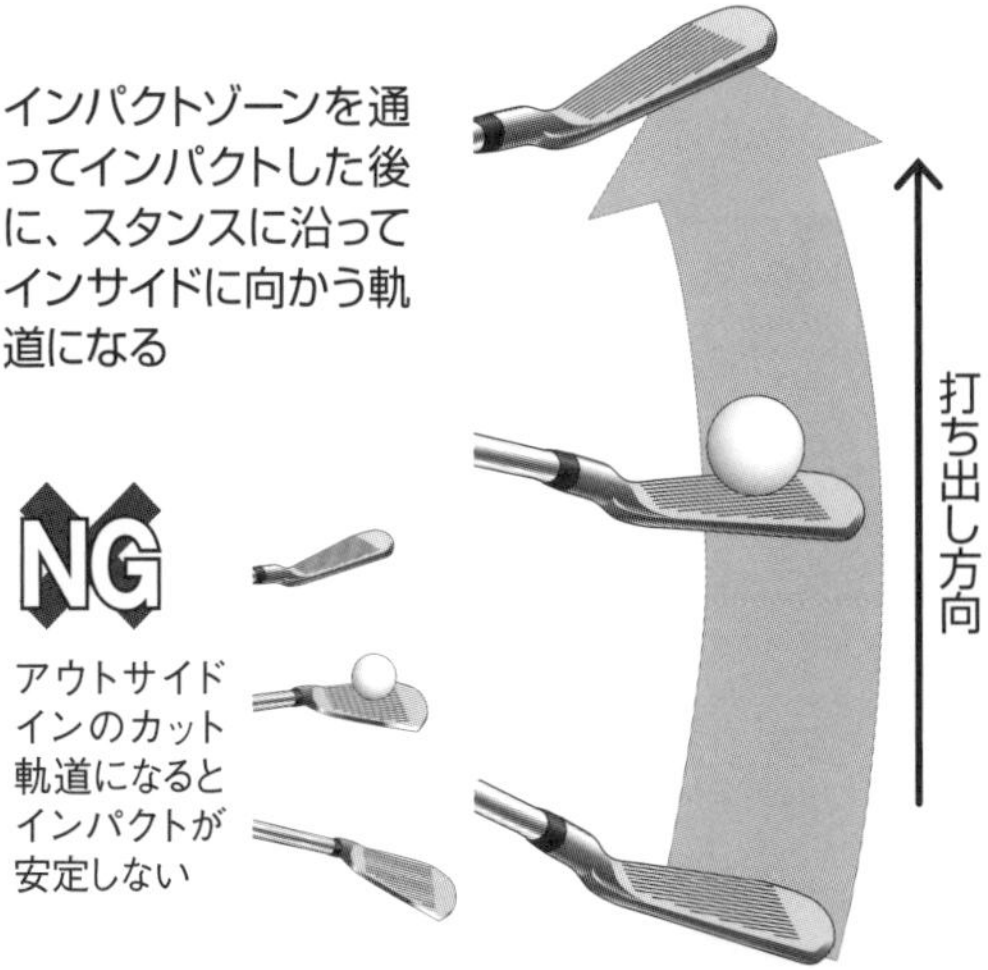
インパクトゾーンを通ってインパクトした後に、スタンスに沿ってインサイドに向かう軌道になる
打ち出し方向
NG
アウトサイドインのカット軌道になるとインパクトが安定しない

グリーン周りのツマ先上がりでのショットセレクション

オープンスタンス	
●通常のツマ先上がりの打ち方	←P.94 参照
○左に行かないように低く打ち出す	←P.94 参照
○さらにラインを出して低く打ち出す（ハンドファースト）	←P.98 参照
ハンドファースト	
○よりラインを出したいとき	←P.80 参照
オープンフェース	
●上げて止めたいとき	←P.90 参照
○近くに止めたいとき	←P.90 参照

※●はハーフショット、○はチップショットを意味する

其ノ一

傾斜を感じながら下りてボールにセット
バランスを保って垂直に体を折りたたむ!!

前後のバランスをとりながら
垂直方向に体を折りたたむ

← P.52 参照

傾斜からのショットのなかでもっとも姿勢が厳しくなるのがきつい斜面でのツマ先下がり。前のめりになってしまいがちなので、**アドレスでしっかりと下半身を安定させ、上下動の少ない基本のハーフショットを心がける**必要があります。

バランスよく立つためには、

高いところから斜面の傾斜を感じながらボールに近づき、垂直方向に体を折りたたむようにセットすることが大切です。

最初から重心のバランスがとれていなかったり、上下動が大きいスイングをすると、スイング中に前につんのめってしまいます。**まず最初に正しいアドレス姿勢**を心がけましょう。

バランスが少しでも乱れていたり、上下動が大きなスイングをすると前につんのめる

其ノ二

ハンドファーストは絶対に禁物
不安があるならフェースを寝かす!!

オープンフェースで
ロフトを寝かせて打つ

←P.86 参照

ツマ先下がりでは、**ボールと体との距離が遠くなるため、クラブを少し長めに握る**ことで姿勢が少し楽になります。

トゥ側の斜面が低いため、ボールにセットしたときに、どうしても捕まりにくく感じてしまう方も多いと思います。

しかし、ここで**ロフトを立て**

30ヤード超 グリーン周り 左足上がり
30ヤード超 グリーン周り 左足下がり
30ヤード超 グリーン周り ツマ先上がり
30ヤード超 グリーン周り ツマ先下がり
30ヤード超 グリーン周り ラフ
30ヤード超 グリーン周り 池・バンカー越え
30ヤード超 グリーン周り 2段グリーン

ボール位置を変えず普通に振り抜けばボールは捕まる

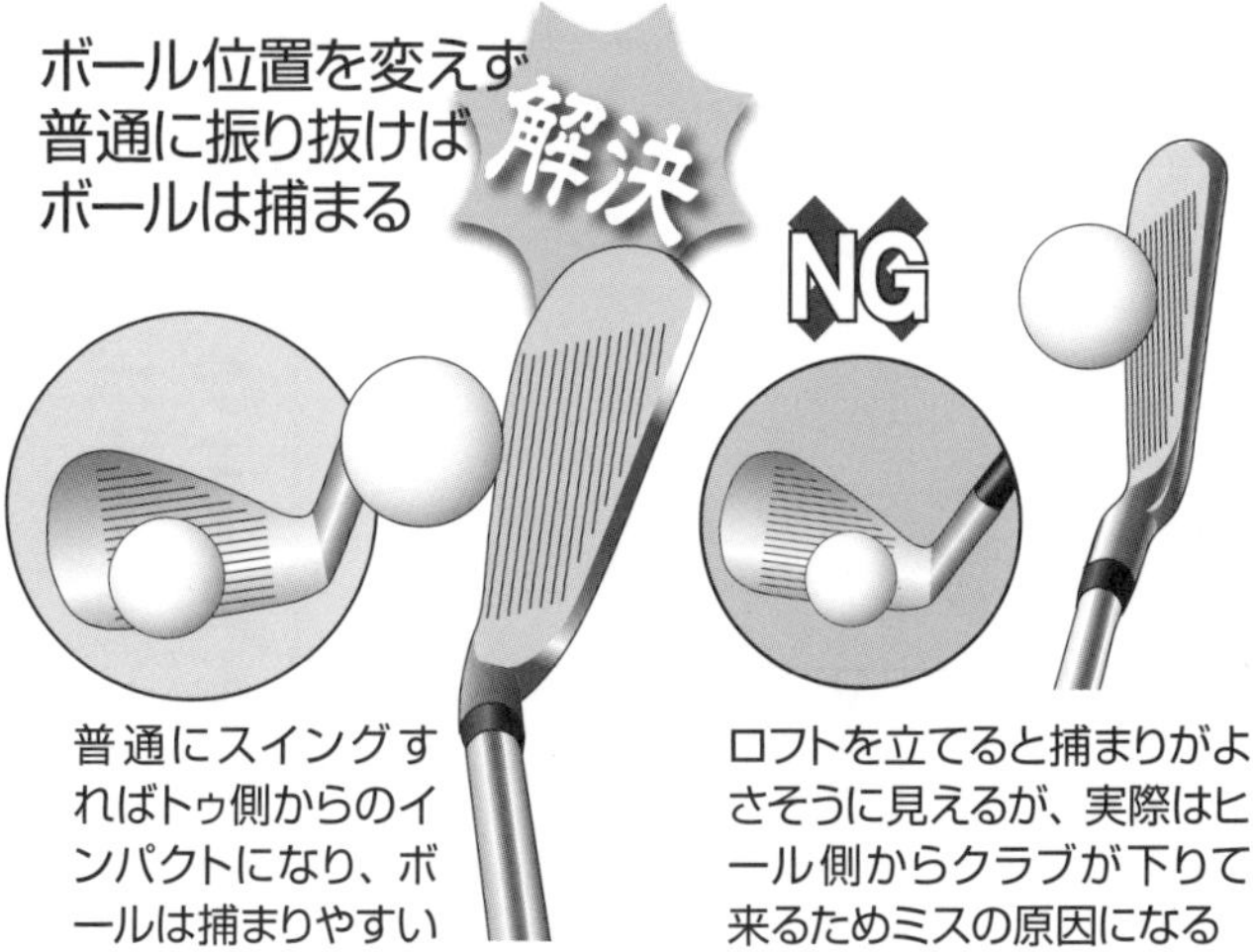

普通にスイングすればトゥ側からのインパクトになり、ボールは捕まりやすい

ロフトを立てると捕まりがよさそうに見えるが、実際はヒール側からクラブが下りて来るためミスの原因になる

たり、ハンドファーストにするのは禁物です。ボールの位置を下げたり、ロフトを立ててしまうと、クラブがヒール側から下りてインパクトするので、捕まりが悪くなるだけでなく、シャンクしやすくなります。

ツマ先下がりでは、普通にスイングすればトゥ側からボールにインパクトして、むしろボールは捕まりやすくなります。どうしても見た目の不安を感じる方は、クラブの番手をひとつ下げたり、飛距離がそれほど必要なければフェースを寝かせるのもいいでしょう。

グリーンに近いツマ先下がり

其ノ一

ボールをしっかり捕らえたければ
フェースを寝かせてしっかり振り抜く!!

グリーン周りのツマ先下がりでは、ダフりやシャンクを恐れるあまりハンドファーストにしてしまいがちです。見た目の安心感は得られても、ミスショットのリスクは高まります。

むしろ、フェースを正しく寝かせた方が安全かつ、ショットバリエーションも豊富になります。

通常のショットよりランを出したく

フェースを寝かせることでリーディングエッジがボールの下に入りやすくなる

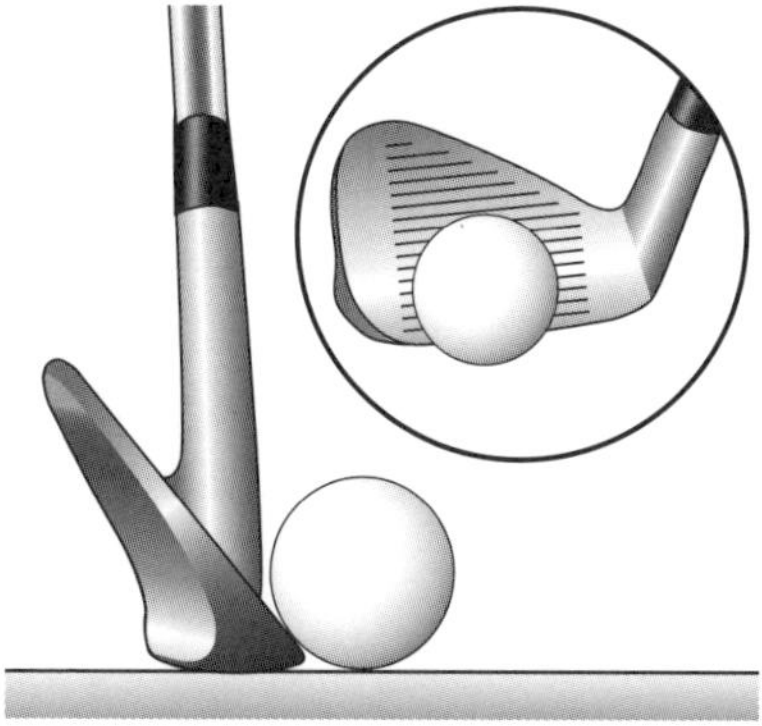

フェースを寝かせたトゥ側からのインパクトでは、ボールの下にクラブを入れやすく、ショットもコントロールしやすくなる

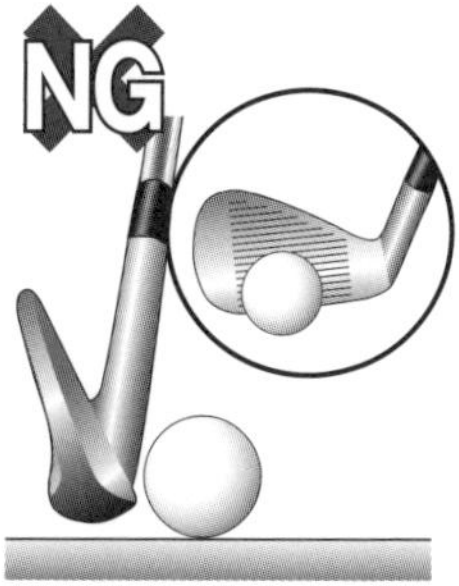

ヒール側からクラブが下りるとバンスが邪魔になりトップしやすい

ないときはフェースを寝かせたり、**ピタッと止めたいときはクローズスタンスでフェースを寝かせる**ことでさらにラインが出しやすくなります。

グリーン周りのツマ先下がりでのショットセレクション

ノーマルスタンス	
●ロフトなりの打球	←P.52 参照
○ロフトなりに転がすとき	←P.90 参照
オープンフェース	
●上げて止めたいとき	←P.86 参照
○ランをあまり出したくない	←P.90 参照
ハンドファースト	
●転がして止めたいとき	←P.76 参照
○球足を長く出したいとき	←P.80 参照

※●はハーフショット、○はチップショットを意味する

其ノ一

ボールが半分以上見えていれば通常に深いならハンドファーストで脱出優先!!

浅いラフなら普通のハーフショット、上げたければオープンスタンス

← P.52 参照
← P.86 参照

ラフからのショットは、ラフの深さで攻め方が変わります。その目安となるのが、横から見たときにどのくらいボールが見えるかです。

横から見てボールが半分以上見えているときは、通常のスイングでインパクトすることが可能です。もし、**高く上げたければ、オープンスタンスでフェースを寝かせる**のもいいでしょう。

深いラフからはハンドファーストで脱出を優先に考えて打つ

← P.76 参照

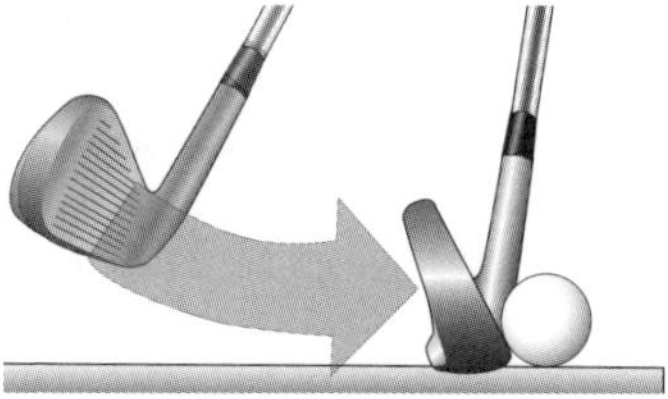

ハンドファーストに構えてスイングすると自然なダウンブローになるため、ヘッドが上から落ちる

浮いているボールはフェースを寝かせ、確実に下を通す

← P.86 参照

フェースを寝かせて確実にロフトに乗せることが大切

ラフが深い場合は、無理をせずに確実にフェアウェイに出すことが大切です。ボールの下にリーディングエッジを入れにくいので、**ハンドファースト**に構え、自然にヘッドを上から落としてインパクトしましょう。

ボールが浮いている場合は、オープンフェースにして、**確実にボールの下にフェースを入れる**ことで、フライヤーになるのを防ぐことができます。

ラフだからといって力んでボールを叩かずに、インパクトの強さは振り幅で調整することが大切です。

グリーンに近いラフ❶

其ノ一

グリーン周りの浅いラフで嫌な感じがしたらフェースを寝かせる!!

ピンに寄せたいという気持ちが強くなるため、ミスショットが起こりやすいのがグリーン周りのラフです。

ヘッドアップしてトップしたり、上体がつっこんでザックリしてしまう方が多いようです。また、ボールが浮いているときに、ボールをつぶすように上から打ち込もうとしてチョロになるケースもあります。

浅いラフからの基本はスクエアなインパクト。高く上げたいときはフェースを寝かす

浅いラフからは小さな振り幅の通常のハーフショットで打つのが基本です。**グリーンまでに障害物があって不安な場合は、フェースを開いたハーフショットで打つ**といいでしょう。

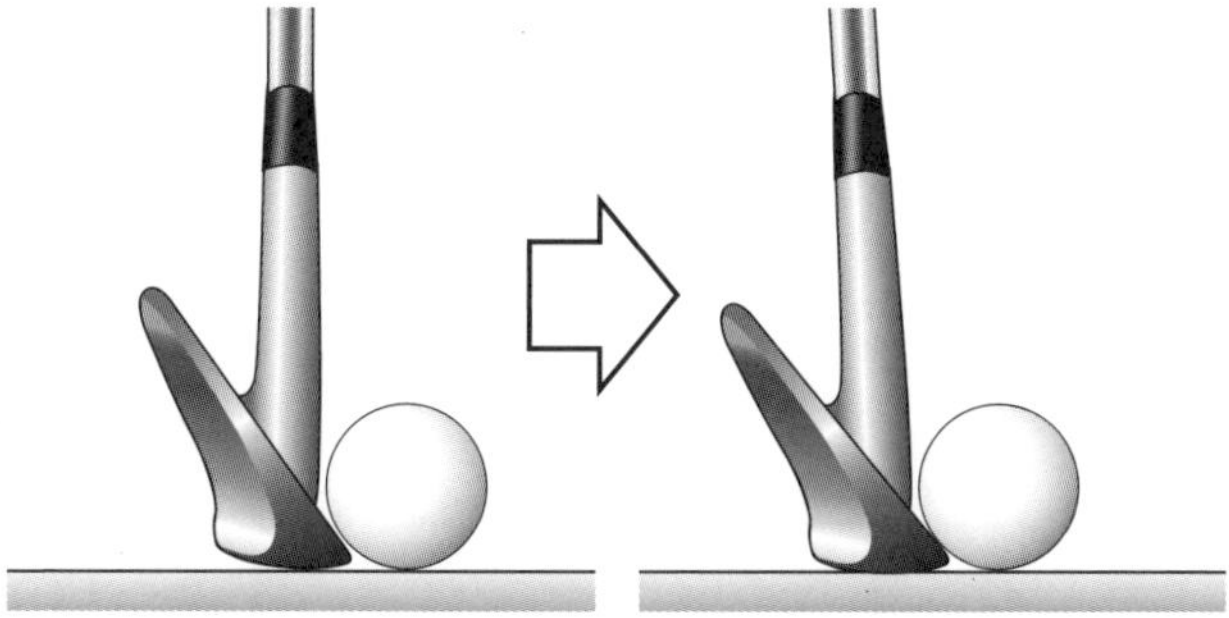

スクエアなインパクト　　フェースを寝かせる

グリーンまでにある障害物に引っかかったり、ピンが手前に切ってある場合、ザックリしそうで嫌なイメージがある場合はフェースを寝かせる

グリーン周りのラフからのショットセレクション

ノーマルスタンス

●クラブセレクションと振り幅で調整する基本の打ち方 ← P.52 参照

オープンフェース

●バンカーなどの障害を越えるために上げたいとき ← P.86 参照

○ふわりと上げて、ランを出さずに止めたいとき ← P.90 参照

※●はハーフショット、○はチップショットを意味する

其ノ二

グリーン周りの深いラフでは **フェースを立てるとホームランになる!!**

グリーン近くでラフにボールが沈んでいる場合は、フェースを立ててダウンブロー気味にしっかりボールを捕らえたいという気持ちが強くなります。しかし実際は、**フェースを立てて打ち込んでしまうと飛び過ぎ**てしまいます。

それとは逆に、ロフトを活かしたチップ&ランを狙おうとするとヘッドがラフに捕まってザックリしてしまいます。

グリーン近くの深いラフからはオープンスタンスでフェースを開いたハーフショットで打つ

← P.96 応用

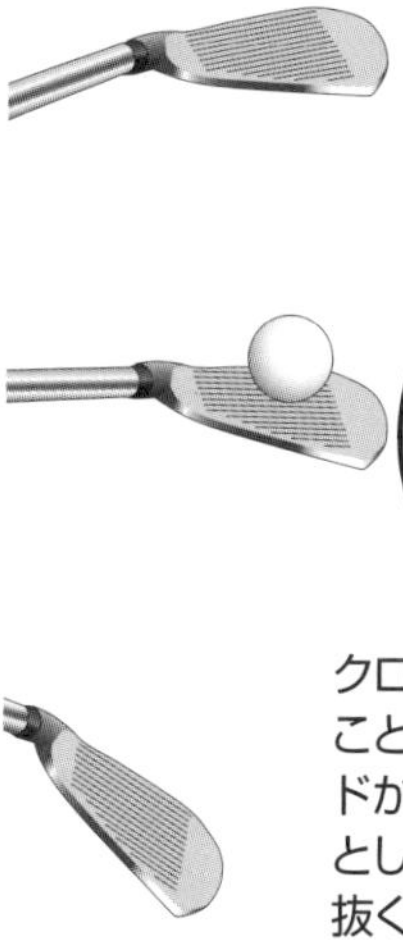

クローズスタンスをつくったところから右足に荷重することで自然にフェースが開く

クローズスタンスにすることで、自然にインサイドから鋭角にヘッドを落として、スクエアに振り抜くスイングができる

オープンスタンスで**フェースを寝かせたハーフショット**を心がけましょう。ボールを**高く上げる意識を持たずに、しっかり上から振り抜く**ことが大切です。

グリーンやバンカー周りでは、傾斜を伴う深いラフになっていることも多いため、このようなライに打ち込まないようにコースマネジメントの時点で考えてプレーすることが大切です。

其ノ一

グリーンまでの距離や状況を考慮して フェースを立てるか寝かすかを決める!!

グリーンから少し離れたところからの、池やバンカー越えのショットでは、「絶対に越えなければならない」という気持ちが強くなることで力みがちです。打ち込む気持ちが強くなると「つっ込み」、上げる気持ちが強くなると「すくい打ち」になってしまいます。

ショットの選択肢としては、右足荷重

グリーンから離れたところからの池やバンカー越えショット

オープンフェース	
●ふわりと上げて止めたい	← P.86 参照
●さらに高く上げて手前で止めたい（オープンスタンス）	← P.96 参照
ハンドファースト	
●低い打ち出しでラインを出して止めたい	← P.76 参照
●ラインを出して、さらに高く上げたい（オープンスタンス）	← P.98 参照

※●はハーフショット、○はチップショットを意味する

の**オープンフェースでふわりと上げていく**か、**ハンドファーストでフェースを立てて上から打つ**かのいずれかになります。

ライが深めのラフの場合であれば、ハンドファーストでは打てないので、オープンフェースになります。

また、ピンが奥にあるか手前にあるかで落としたい位置に合わせて、**必要に応じてオープンスタンスにする**といいでしょう。

ショットを選択したところで、芝にバンスを当てにいくか、リーディングエッジで芝を刈るイメージで振るのかを素振りで確認しましょう。

其ノ一

グリーン周りのバンカー越えでは **フェースを寝かせて上げて止める!!**

グリーン周りからガードバンカーやグラスバンカーなどを越えて、グリーン上にボールを止めたいときのショットです。多少とはいえ、キャリーが必要なので、グリーン近くからでも、**チップショットではなくハーフショットで打つ**必要があります。

目標までの距離が近いので、スピン

グリーン周りからの池やバンカー越えショット

オープンフェース
●ふわりと上げて止めたい ← P.86 参照
●さらに高く上げて手前で止めたい（オープンスタンス） ← P.96 参照

※●はハーフショット、○はチップショットを意味する

ボールではなく、**オープンフェースでふわりと上げてボールの重さで止めるのが理想**となります。落としたい位置との関係で、振り幅、使用するクラブ、オープンスタンスにするかなどを決定します。

距離が近いので、いかに勢いを殺して上げるかが大切です。オーバーするのを恐れる気持ちがあると、フェースを開くとまっすぐに振り切れなくなって、インサイドアウトの軌道になってしまいがちです。**フェースを寝かせたまま、いかにまっすぐ振り切れるかがポイント**になります。

本書で紹介しているドリルの成果が、もっとも表れるショットです。しっかり練習しておくようにしましょう。

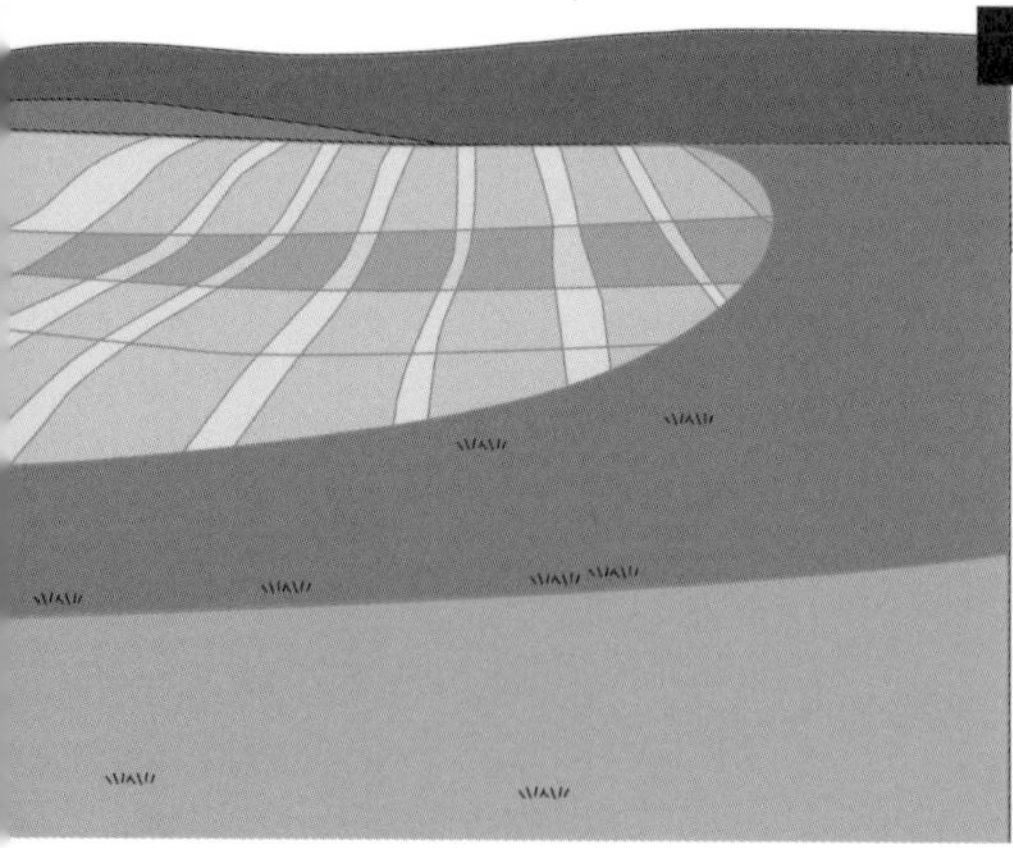

離れた2段グリーン

其ノ一

上げて止めるか、落として転がすか、2段グリーンは戦略を持って攻略する!!

2段グリーンをどう攻略するかは、グリーンの形状、グリーンまでの距離、周囲の状況などによってさまざまです。

ピンが上段にあるときに、**上げるのが得意であれば上段を狙ってオープンフェース**で上げて止めるショット、もしくは**ハンドファーストのショットで転がす**などの選択肢があります。

しかし、**無理して上段に乗せるのがいいとは限りません**。狙いがズレて難しいロングパット

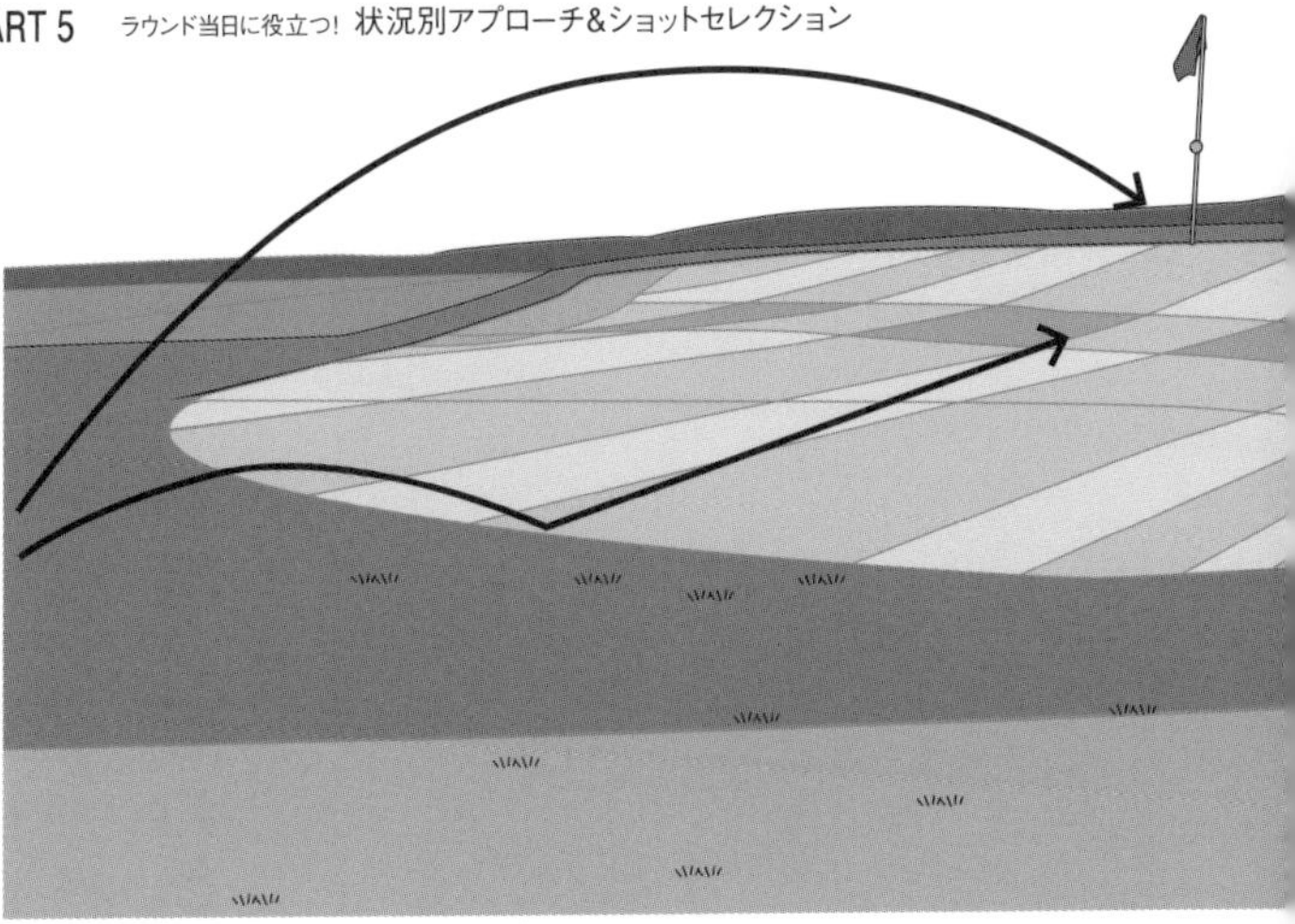

を残したり、深いバンカーに入ったりするリスクも考えたうえでショットを選択するようにしましょう。

一般的には、手前から攻めろと言われていますが、手前から距離感が合わせにくいときには横や奥から攻めたほうがいい場合もあります。**幅広い視野を持って、どんなボールでどこから攻めていくかを決めていく**といいでしょう。

そうすれば、最初から難しいグリーンとわかっていれば、2打目の狙い方も変わってくるはずです。この考え方こそが「**逆算のスコアマネジメント**」につながっていくのです。

近い2段グリーン

其ノ一

2段グリーンの周りからのアプローチは**真価が問われる腕の見せどころ!!**

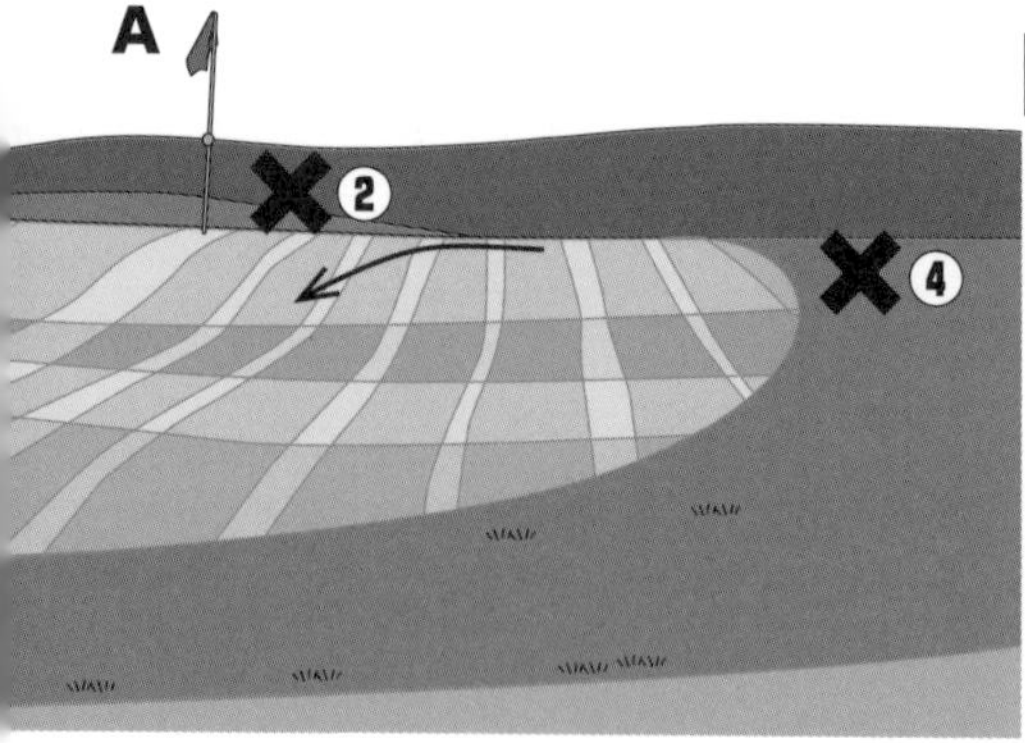

2段グリーンの周囲からのアプローチは、あきらかに持ち球が多いプレーヤーが有利になります。ここでの目標は最低でも「2パット圏内」にボールを入れることです。

たとえば、ピンが上段**A**の位置にある場合、

①からはハーフショットで**上げて止める**、チップショットで**下から転がす**の選択ができます。

②からは**ボールの勢いを殺したオープンフェース**のショットとなります。

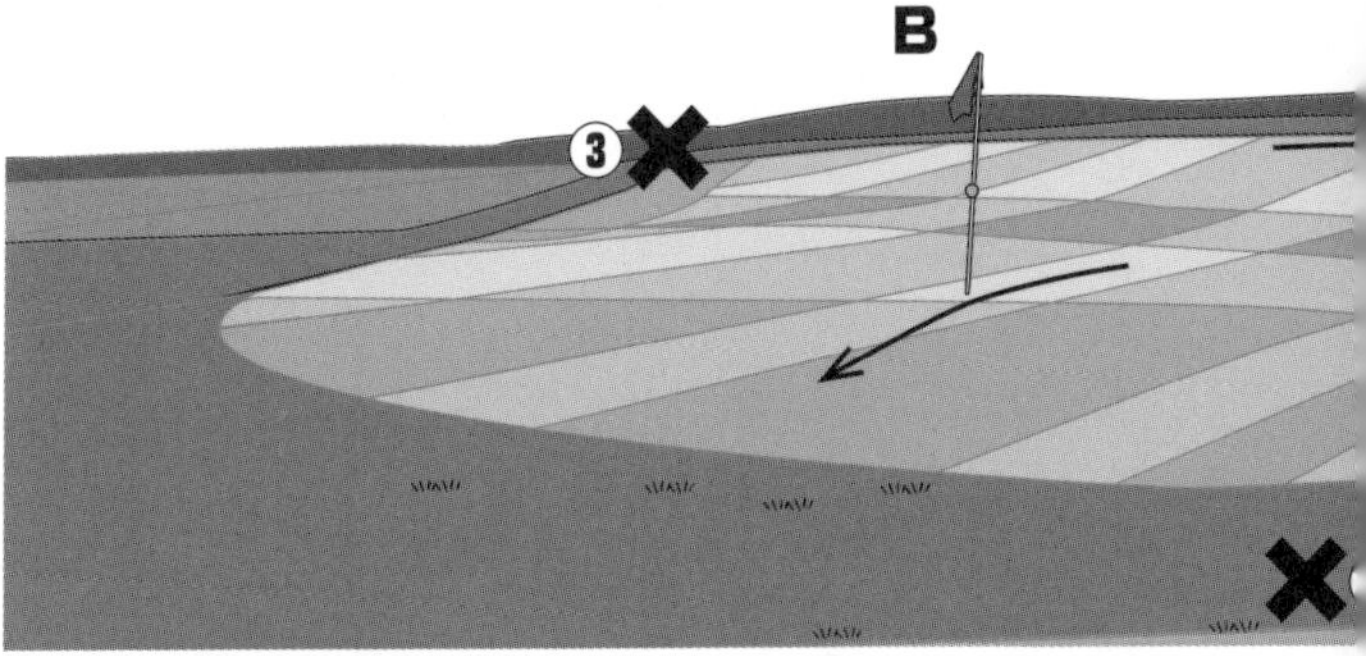

③からは、スライスラインの影響を受けやすいハンドファーストでは転がせません。**転がすのであればクローズスタンス**のショットになります。

④からは、フックラインの影響を受けやすいクローズスタンスでは転がせません。**転がすのであればハンドファースト**のショットになります。

ピンが手前Bの位置にある場合、グリーン奥②からは、下りのラインになるためランがもっとも出ない**オープンスタンスのオープンフェースで打って惰性で転がす**、もしくは**ハンドファーストでランの伸びを抑えながら転がす**か、などの選択肢が生まれます。

これらのショットを打ちこなせるようであれば、ひとつ前のショットも数段楽に打てるようになります。

あとがき

ゴルフは非常にメンタルなスポーツです。

そのなかで、アプローチは、ショットやパッティングのような調子の波が少なく、その日の調子によって大きく乱れることはありません。言い換えると、練習で技術を身につけてしまえば、その技術に裏切られることがないのがアプローチです。つねにある程度の計算ができるショットのため、ある程度の技術さえ身についていれば、スコアメイクをするうえで、もっとも基準となるショットです。

本書でも紹介しましたが、アプローチの技術は傾斜地などの状況別ショットにも応用できます。それぞれのスタンスと重心のかけ方で、クラブを振ったときの感覚に慣れてしまえば、今まで苦手だったショットの克服にもつながります。

アプローチの選択肢が何パターンかあることで、何より気持ちが楽になります。技術がメンタルを救ってくれるのです。

まず、「転がす」と「上げる」のどちらか自分が得意なほうをベースに、ショットのバリエーションを増やし、次にそれと相反するショットをおぼえるようにするといいでしょう。

とくに、本書で紹介している「オープンスタンスでのオープンフェース」のショットが、体を開かずに打てるようになると、ショットの幅が大きく広がります。ドライバーで飛距離が出ない女性やシニアの方でも、アプローチを基準にスコアメイクすることで、シングルになるのも可能です。本書が読者の皆さまがたのスコアアップの一助になれば光栄に思います。

新井真一

著　者 ―――――――――――――

新井 真一（あらい・しんいち）

1963年、東京都生まれ。日本プロゴルフ協会会員。FLAGS GOLF SCHOOL最高執行責任者。日本大学ゴルフ部出身。国内ツアーハーフ最小スコア28の記録保持者。プロとして様々な国内外ツアー経験、当時USPGAツアーで活躍していたカルロス・フランコ（現・USシニアツアー選手）のキャディ経験、初心者やジュニアから上級者まで数多くのレッスンをもとに独自の理論を確立して指導している

新井プロの所属する
FLAGS GOLF SCHOOL
URL　http://www.e-flags.jp/

本書の内容に関するお問い合わせは、**書名、発行年月日、該当ページを明記**の上、書面、FAX、お問い合わせフォームにて、当社編集部宛にお送りください。**電話によるお問い合わせはお受けしておりません。**また、本書の範囲を超えるご質問等にもお答えできませんので、あらかじめご了承ください。
FAX：03－3831－0902
お問い合わせフォーム：http://www.shin-sei.co.jp/np/contact-form3.html

落丁・乱丁のあった場合は、送料当社負担でお取替えいたします。当社営業部宛にお送りください。

本書の複写、複製を希望される場合は、そのつど事前に、出版者著作権管理機構（電話：03-3513-6969、FAX：03-3513-6979、e-mail：info@jcopy.or.jp）の許諾を得てください。

JCOPY ＜出版者著作権管理機構 委託出版物＞

ゴルフ アプローチ職人
いつものスイングで10種の球を打ち分ける

著　者　新井真一
発行者　富永靖弘
印刷所　誠宏印刷株式会社

発行所　株式会社新星出版社
東京都台東区台東2丁目24
電話(03)3831-0743

©Shinichi Arai　　Printed in Japan

ISBN978-4-405-08217-5